Dieses Büchlein ist meinem hochverehrten Lehrer Sri Ganapathi Sachchidananda Swamiji gewidmet.

Susanna Sarasin

Gute Reise, liebes Seelenkind

Die Deutsche Nationalbibliothek verzeichnet diese Publikation in der Deutschen Nationalbibliografie; detaillierte bibliografische Daten sind im Internet über http://dnb.dnb.de abrufbar.

© 2016 Susanna Sarasin

Herstellung und Verlag: BoD – Books on Demand, Norderstedt
ISBN: 978-3-7412-4073-7

Inhaltsverzeichnis

Vorbemerkung 7
Vorwort 9
Kapitel 1 - Mein Start in diese Welt 12
Kapitel 2 - Raus in die weite Welt 17
Kapitel 3 - Erste Schritte im Erwachsenenleben...........20
Kapitel 4 - Studium der Logopädie................................23
Kapitel 5 - Swamiji 28
Kapitel 6 - Die Anfänge meiner Praxis..........................33
Kapitel 7 - Ashram...37
Kapitel 8 - Aufbau von Wissen......................................45
Kapitel 9 - Wieder im Ashram 51
Kapitel 10 - Ausdehnung in allen Bereichen 56
Kapitel 11 - Weitere Annäherung an Swamiji 60
Kapitel 12 - Berufliche Entwicklung 64
Kapitel 13 - Navaratri 2011 70
Kapitel 14 - Navaratri mit einer Gruppe 73
Kapitel 15 - Ashram im Januar 2013 80
Kapitel 16 - Turbulente Entwicklungen 88
Anhang...102
  A. Glossar...102
  B. Sri Ganapati Sachchidananda Swamiji..............105
  C. Bände 2 – 4...107

Vorbemerkung

Vor 2 Jahren hielt ich voller Ehrfurcht meine frisch gedruckten Erstlingswerke – die Bände 1 und 2 – in den Händen. Je 220 Exemplare hatte ich herstellen lassen, die ich in der Folge in meiner Praxis zum Selbstkostenpreis verkaufte. Von beiden Büchern habe ich nur noch einige wenige Stücke. Inzwischen sind zwei weitere Bände hinzugekommen, Nummer 5 ist am Entstehen. Weil die ersten beiden Bände nach wie vor gefragt sind, entschloss ich mich, diese nun öffentlich via Buchhandel zugänglich zu machen. Zuvor wollte ich sie aber überarbeiten. Dabei merkte ich, dass ich einiges ein bisschen anders schreiben oder formulieren würde. Nach einem inneren Ringen entschloss ich mich zu folgendem Vorgehen:

Ich lasse die Bücher weitgehend in ihrer ursprünglichen Form bestehen. Man darf ruhig meine Entwicklung erkennen, die ich während des Schreibens der Bücherreihe durchlief. Einige fehlerhafte Stellen bereinigte ich allerdings. Ebenso gab es diverse inhaltliche Anpassungen: mehrere in Band 1, weil betroffene Personen dies so wünschten, und einige (besonders in Band 2) wegen eines besseren Verständnisses des Textes. Zudem ergänzte ich Band 2 mit einem Anhang (Literaturangaben und Angaben zu den Bänden 1, 3 und 4). Ich hoffe, damit einen goldenen Mittelweg gefunden zu haben.

Vorwort

Immer wieder werde ich gefragt, wann und wie sich meine therapeutischen Fähigkeiten entwickelt haben. Zudem möchten viele Leute wissen, wie sich mein Leben gestaltet, weil ich gemäss ihrer Vorstellung über besondere Begabungen verfüge. So kam ich eines Tages zum Entschluss, einige klärende Worte zu schreiben. Also beginne ich doch gleich mit einer kleinen Selbstdarstellung:

Wer bin ich eigentlich?

Diese Frage lässt sich leicht beantworten: ich bin Susanna Sarasin, geboren am 18.5.1961 in Bern. Ich durchlief eine erfolgreiche Schulzeit und wurde Lehrerin. Nach 8 Jahren Unterrichtstätigkeit nahm ich ein Logopädiestudium in Fribourg auf, erwarb mir parallel dazu das Lizentiat und arbeitete danach drei Jahre in der Forschung am pädagogischen Institut der Uni Fribourg. Während dieser Zeit schrieb ich eine Dissertation und doktorierte. Anschliessend wählte ich eine Übergangslösung, arbeitete während drei Jahren als Sozialpädagogin in der Stiftung Steinhölzli in Bern und machte parallel dazu die Polarity Ausbildung. Dies führte schlussendlich zur Gründung der eigenen Praxis, die sich sehr gut entwickelte und mit der ich nun erfolgreich bin.

Doch stopp! Müsste ich nicht andere Aspekte meines Seins ins Zentrum dieser Ausführungen stellen? Vielleicht würden mich die folgenden Worte besser beschreiben:

Ich bin Susanna Sarasin, kam am 18.5.1961 als drittes von vier Geschwistern auf natürlichem Weg im Frauenspital Bern auf die Welt. Meine Mutter entstammt einer Siebenbürger und mein Vater einer Basler Familie. Ich wuchs in einem Einfamilienhaus in einem einigermassen intakten Umfeld auf, war bei den anderen Kindern beliebt und spielte und bastelte sehr gerne. Mit meiner Schwester verband mich…..

Nein! Noch einmal stopp! So geht das nicht! Bin das wirklich ich? Also noch einmal von vorne: wer bin ich?

Ja, lieber Leser, das ist eine grosse Frage. Diese stellte sich mir im Keim schon sehr früh in meinem Leben, denn ich hatte fürchterliche

Angst vor dem Tod. Um diese zu lösen, musste ich im Prinzip begreifen lernen, wer ich wirklich bin. Ist mein ganzes Sein körperlicher Natur, würde der Tod das sichere Ende bedeuten. Für mich wäre dies ein Bild der abgrundtiefen Nacht, des Entsetzens, der Panik. Falls dem aber nicht so sein sollte: was bin ich sonst? Wer kann mir da eine Antwort geben?

Ich suchte an vielen verschiedenen Orten nach Erklärungen, die mir helfen sollten, ein realistisches Bild von diesem „Ungeheuer Tod" zu entwickeln. Doch der Erfolg war gering. Nach vielen qualvollen Jahren spielte mir das Schicksal schliesslich ein Buch in die Hände, durch das ich endlich einen Weg fand, meine Nachforschungen in eine vielversprechende Richtung zu lenken: ich begann mich mit Esoterik zu befassen. Meine inneren Welten öffneten sich, doch immer noch blieb mir vieles ein Rätsel. Erst als mein spiritueller Lehrer, mein lieber Swamiji (um genau zu sein: Sri Ganapati Sachchidananda Swamiji von Mysore in Indien), in mein Leben trat, hatte ich den Ort gefunden, wo ich Antworten bekam. Ich spürte: hier würde ich erhalten, nach was ich immer gesucht hatte.

Wer ist nun aber Swamiji? Meiner Meinung nach ist er ein grosser Meister. Um uns Menschen zu helfen, eine bessere Zukunft zu gestalten, wirkt er zurzeit auf der Erde. Ich habe das grosse Glück, eine Seiner Schülerinnen zu sein und erfreue mich dementsprechend einer seriösen Erziehung und Ausbildung. Wer zu mir in die Praxis kommt, profitiert in hohem Mass von den wunderbaren Energien meines Lehrers. Wenn du, lieber Leser, neugierig geworden bist, dann findest du auf den folgenden Internetseiten mehr Information: www.dattapeetham.com (Englisch) oder www.dyc.ch (Deutsch). Damit das Allerwichtigste auch in diesem Büchlein enthalten ist, erhältst du einen kleinen Einblick in Swamijis Leben (Auszug aus der deutschen Website) im Anhang (Seite 105). Meine tiefe Achtung vor der nicht ganz fassbaren Grösse des Meisters wird im Text dadurch sichtbar, dass ich für stellvertretende Wörter wie *Er* und *Ihm* Grossbuchstaben verwende. Mir ist bewusst, dass die Lektüre dieser Seiten zwar einige Antworten liefert, jedoch noch viel mehr neue Fragen aufwerfen kann. Deshalb habe ich mich entschlossen, in einem zweiten Band einiges an Hintergrundwissen aufzuarbeiten, das dann ein vertieftes Verständnis von verschiedenen Themen erlauben sollte. Im Anhang (Seite 107) findest du einen Einblick in den Inhalt dieses Buchs.

Ein weiterer Teil im Anhang ist das Glossar (Seite 102). Hier werden Wörter erklärt, die im Text *kursiv gedruckt* und mit einem Stern (*) versehen sind.

Was ist nun aber der Inhalt des vorliegenden Büchleins?

Ich möchte hier allen Interessierten einen Blick auf mein Leben in all seinen Facetten ermöglichen. Dabei werden vor allem die beiden Hauptbereiche meines Alltags behandelt: meine therapeutische Tätigkeit und meine Beziehung zu Swamiji. Die beiden Themen hängen so sehr miteinander zusammen, dass sie fast nicht einzeln betrachtet werden können, wenn man erfahren will, was mich als Person in diesem Leben ausmacht.

Aber noch einmal: wer bin ich wirklich? Vielleicht kann ich diese Frage einmal beantworten. Auf diesen Seiten ist die Antwort auf jeden Fall nicht zu finden, höchstens Ansätze. Also forsche ich weiter!

Hast du dich, lieber Leser, nicht auch schon gefragt, wer du bist? Vielleicht schliesst du dich dieser Suche an. Oder bist du schon auf diesem Weg? Dann kennst du vielleicht einiges von dem, was ich beschrieben habe, bereits aus eigener Erfahrung. Ich freue mich auf jeden Fall, wenn dir das Lesen der folgenden Kapitel viele schöne Erkenntnisse bringt und du siehst, dass du nicht alleine da stehst mit all deinem menschlichen Kram, der dir zeitweise zu schaffen macht. In diesem Sinn: packe das für dich Aufbauende aus diesem Büchlein in deinen Rucksack zu deinem Proviant und wandere weiter. Die Suche lohnt sich!

Kapitel 1 - Mein Start in diese Welt

Eigentlich hätte ich gar nicht auf die Welt kommen sollen. Wenigstens nicht zu dieser Zeit bei meiner Mutter. Ein knappes Jahr vorher hatte sie meine Schwester geboren, womit eine Pause sinnvoll war. Also verhütete sie. Aber offenbar waren da stärkere Kräfte am Werk: sie wurde dennoch schwanger. Da sie sich immer viele Kinder gewünscht hatte, war ich trotz allem sehr willkommen. Somit erblickte ich am 18. Mai 1961 das Licht der Welt, drei Jahre nach meinem älteren Bruder und fast ein Jahr nach meiner Schwester.

So unbedeutend dies alles scheinen mag: die Situation hinterliess ungeahnte Spuren in meiner Seele. Was sich im Detail abspielte, ist im Nachhinein nicht mehr genau nachvollziehbar. Möglicherweise reichte es aus, dass meine Mutter zum gegebenen Zeitpunkt beabsichtigte, nicht schwanger werden zu wollen. Auf jeden Fall entstand in meiner Seele eine unglückliche Prägung. Diese lautete: „eigentlich sollte es mich gar nicht geben".

Ein weiterer Umstand erzeugte tiefe Narben in mir: als meine Mutter ihre Kinder gebar, war es üblich, dass alles einer rein schulmedizinischen Sichtweise unterstand. Wenn die technischen Daten stimmten, ging man davon aus, dass es allen gut ging. Wieviel Seele man den Babys damals zugestand, bleibt offen. Auf jeden Fall verbrachte ich - wie alle anderen frisch Geborenen - die erste Zeit auf dieser Erde mehrheitlich auf der Säuglingsstation, weit entfernt von meiner Mutter. Da sie zu ihrem grossen Leidwesen kaum Milch geben konnte, bekam sie mich noch weniger zu sehen, als dies sonst der Fall gewesen wäre. Meine Ernährung gehörte unter diesen Umständen nämlich zum Pflichtenheft der Säuglingsschwestern und wurde mit Schoppen sichergestellt. Allerdings unterlief dem Pflegepersonal dabei ein Fehler und ich bekam chronisch zu wenig Milch. Somit erhielt meine Mutter bei ihrem Spitalaustritt ein Baby in die Arme gedrückt, das unterernährt und zu mager war. Das Spital erkannte den Fehler und entschuldigte sich, aber die Wunden in der Seele waren bereits da. Meine Mutter gab sich dann alle Mühe, mich aufzupäppeln, was ihr auch gelang. Die Erfahrung, nie genug zu bekommen, sass aber in meinen Zellen fest. Solch frühe Traumatisierungen hinterlassen entsprechende Spuren und führen teilweise zu erheblichen Störungen. Darauf werde ich später noch zurückkommen. In Band 2 Kapitel 7 findet dann noch eine Vertiefung des Themas statt.

Trotz allem entwickelte ich mich schlussendlich prächtig und erlebte eine glückliche Kindheit. Ich war ein Kind mit einer blühenden Phantasie, das sich gut mit sich selbst beschäftigen konnte, gerne spielte und auch viel bastelte. Besonders mit meiner Schwester hatte ich ein sehr enges Verhältnis, wir wuchsen fast wie Zwillinge auf. Schon früh lernte ich: wenn ich ein braves Susi sein wollte, musste ich mich nach den Wünschen der anderen richten. Dann hatte ich die Gewähr, dass ich geliebt wurde, was mir - wie jedem Kind - das Wichtigste war. So lernte ich mit einer gewissen Perfektion zu spüren, was andere sich wünschten und richtete mein Verhalten danach aus. Wer ich selbst war, interessierte mich zu diesem Zeitpunkt nicht gross. Oder vielleicht doch? Obschon ich sehr aufgestellt und fröhlich wirkte, plagten mich viele Ängste, nur war mir dies nicht bewusst, und weil ich mich diesbezüglich auch nicht äusserte, merkte es niemand. Da gab es also zwei Personen in mir: eine sichtbare und eine unsichtbare. Erstere wirkte selbstbewusst und war sehr vorlaut, letztere konnte man höchstens erahnen. Mich selbst bzw. meinen Körper spürte ich nicht wirklich. Das zeigte sich bei körperlichen Aktivitäten deutlich: im Turnen war ich nicht zu gebrauchen, bei Wanderungen fühlte ich mich schnell mal überfordert. Meinen Eltern ist noch gut in Erinnerung, wie ich bei einem Besuchstag in der Schule an den Ringen hing und mehr einem Kartoffelsack glich als einem menschlichen Wesen. Ich spürte schlicht nicht, welche Muskeln ich hätte anspannen müssen, damit ich etwas mit diesem Gerät hätte anfangen können. Zudem machte mir alles, was ein bisschen Mut oder Überwindung gekostet hätte, sehr viel Angst.

So wuchs ich wohl behütet heran, war eine gute Schülerin und hatte während der Sekundarschulzeit eine sehr enge Freundin, weshalb mein Leben in jeder Hinsicht zu stimmen schien.

Aber tief in mir stimmte es nicht wirklich. Das begann schon im Alter von etwa drei Jahren spürbar zu werden. Ich kann mich noch gut erinnern: meine Eltern erwähnten einmal, dass eine Person, die ich nicht einmal kannte, gestorben war. Plötzlich war sie da: die Riesenangst vor dem Tod. Was erwartete einen dort? Wurde man einfach ausgelöscht? Existierte man dann einfach nicht mehr? Diese Vorstellung war für mich grauenhaft und ich bekam eine riesige Angst. Davon sprach ich aber nie, denn ich schämte mich. Am Abend im Bett war es am schlimmsten. Ich stellte mir dann häufig vor, wie es sein müsste, wenn man tot ist. Manchmal versuchte ich sogar, den Atem anzuhalten. Ich litt grässlich, konnte die Angst aber glücklicherweise über weite Strecken verdrängen, so dass sie mich nicht ständig quälte. Als sie eines Tages wieder besonders gross war, hielt ich es nicht mehr aus. Heulend ging ich zu meinen Eltern. Wie gewohnt sassen sie an diesem Abend, nachdem wir Kinder schon im Bett lagen, im Wohnzimmer und lasen. Weil ich mich so sehr für mein Problem schämte, versuchte ich, so unpersönlich wie möglich über diese Angst zu sprechen. Ich erklärte, dass meine Lehrerin gesagt hätte, nach dem Tod überlebe nur das Gedenken an die Person, die Person selbst sei aber ausgelöscht. Ganz gelogen war diese Schilderung nicht, denn etwas Ähnliches hatte sie effektiv gesagt und damit bei mir die Ängste wieder aktiviert. Es war eines der seltenen Male, dass mein Vater von sich aus aktiv wurde, mich sogar in die Arme nahm und mir versicherte, dass die Seele weiter existieren würde. Er hatte sich bereits während längerer Zeit mit Esoterik befasst und versuchte, mir den Sachverhalt zu erklären. Doch was geschah bei mir in diesem Augenblick? Statt einer Beruhigung durchzuckte mich blitzartig der Gedanke: woher willst du das alles wissen? Du bist ja noch nicht gestorben, folglich ist das alles reine Theorie. Als dann am nächsten Morgen auch noch mein älterer Bruder abfällig über meine Ängste sprach, weil er zufälligerweise gelauscht hatte, war die Sache für mich klar: mir konnte niemand helfen, ich musste die Antwort selbst finden. Das war bitter, denn nun schämte ich mich noch mehr, dass ich so idiotische Hirngespinste hatte.

Ich befand mich auch in anderer Hinsicht in einer Krise. Da ich die Schule bisher mit links geschmissen hatte, wusste ich nicht, wie man lernte. Als der Stoff nun anspruchsvoller wurde, sanken meine Leistungen und ich erkannte, dass ich so meinen Traumberuf Lehrerin nicht würde verwirklichen können. Folglich suchte ich nach anderen beruflichen Möglichkeiten, aber nichts gefiel mir wirklich. Schliesslich organisierten meine Eltern eine Nachhilfe. Bei dieser Frau entdeckte ich dann plötzlich, wie Lernen funktionierte und konnte entsprechende Strategien entwickeln. Von nun an waren meine Noten wieder sehr gut und damit gelang mir der Übertritt ins Lehrerinnenseminar problemlos.

Doch bevor ich die Sekundarschule verliess, musste ich noch einige sehr verunsichernde Phasen durchmachen. Besonders belastend war für mich folgendes Problem: die Mädchen in meiner Klasse hatten bereits ihre ersten Freunde. Natürlich sehnte auch ich mich nach einer solchen Beziehung. Irgendwie war in mir abgespeichert, dass ich auch irgendwann einmal einen Mann haben und Kinder bekommen sollte. Wenn ich mir dies allerdings vorzustellen versuchte, war es in mir total schwarz und ich fühlte mich gefangen und eingesperrt. Dennoch war diese Sehnsucht da, auch geliebt zu werden. Kam mir ein Junge tatsächlich einmal etwas näher, bekam ich aber unglaubliche Angst und brachte ihn mir gleich wieder auf Distanz. Für mich waren alle männlichen Wesen völlig fremd und unverständlich. Im Grunde genommen konnte ich gar nichts mit ihnen anfangen. So kam ich zum Schluss, dass ich irgendwie nicht ganz normal funktionierte und etwas mit mir nicht stimmte. Dass dem so sein musste, bewiesen ja auch meine tiefen Schamgefühle, mit denen meine Sexualität und meine intimen Regionen behaftet waren. Ausserdem schien etwas mit meinen Sexualorganen nicht richtig zu sein: es kam mir sehr merkwürdig vor, wie diese plötzlich aussahen. All dies frass ich in mich hinein und sprach nie mit jemandem darüber.

Auch mit meiner besten Freundin wurde es während der Pubertät schwieriger. Wir waren beide lange Zeit stark in unserer kindlichen Welt verankert gewesen. Dort fanden wir uns und dort verstanden wir uns. Mit der Entwicklung zu einer erwachseneren Form begannen wir uns zu entfremden, so dass ich mir meiner vielen Unfähigkeiten noch mehr bewusst wurde. Und ich schämte mich zutiefst für alles.

Mit meinem Frauwerden konnte ich gar nichts anfangen. Nie werde ich vergessen, welchen Schock ich erlitt, als ich mich einmal als 13-jährige Jugendliche mit meinen inzwischen fraulichen Formen, also breiteren Hüften, unvermittelt in einem grossen Spiegel sah. Ich glaube, es war das erste Mal in meinem Leben, dass ich mein Äusseres so richtig bewusst wahrnahm. Von da an stand ich mit meinem Körper auf Kriegsfuss. Die schmale Taille bildete zu meinen breiteren Hüften einen Kontrast, den ich absolut schrecklich fand. Ich litt stark und sehnte mich danach, anders auszusehen. Ich fühlte mich in mir nicht mehr wohl, war sehr unsicher und unglücklich. So konnte mich ja kein Junge mögen, ich sah einfach zu fürchterlich aus.

Zum Glück war ich wenigstens in der Schule sehr gut, dort hatte ich Erfolge, daran konnte ich mich halten.

Kapitel 2 - Raus in die weite Welt

Dann kam der grosse Wechsel: nach der Sekundarschule trat ich ins Lehrerinnenseminar ein. Nun musste ich täglich in die Stadt fahren und folglich das warme Nest der örtlichen Schule verlassen. Ich kam in eine reine Mädchenklasse, in der alles junge Frauen sassen. Nur ich glich mehr einem Buben, der sich hierher verirrt hatte. Einige Tage zuvor hatte mich nämlich ein Coiffeur frisurenmässig regelrecht entstellt, weil er alles viel zu kurz geschnitten hatte. So sah ich tatsächlich fast wie ein Knabe aus. Da ich klein bin und sehr jung wirkte, war ich für die anderen am ersten Tag wirklich schwer einzuordnen, wie sie mir hinterher auch gestanden. Ich fühlte mich also völlig daneben. Zudem war ich gestresst, weil ich das Gefühl hatte, leistungsmässig auch nicht mehr genügen zu können. Mir war folglich rundum unwohl und die ganze Situation überforderte mich. Natürlich sprach ich wiederum mit niemandem darüber. Es kam mir gar nicht erst in den Sinn, dass hier Gespräche notwendig wären. Wie sollte es auch? Zu Hause wurden Probleme selten besprochen, häufig blieben sie unbenannt. War ich beispielsweise einmal unartig, wurde ich nicht zur Rede gestellt, sondern bestraft. Vielfach geschah dies über den Entzug von Aufmerksamkeit. Es war dann an mir, der Mutter zu signalisieren, dass ich wieder ein liebes Kind sein wollte.

Doch zurück zum Seminar: zum Glück merkte ich bald, dass ich zumindest leistungsmässig keine Angst haben musste. Mir wurde vielmehr teilweise fast langweilig und die Noten waren sehr gut. Dieser Umstand war mir eine wertvolle Stütze.

Kaum war der holprige Start in die neue Schule geschafft, stand die erste Weihnacht in meinem Erwachsenen-Leben vor der Türe. Diese erwies sich als sehr prägend für den weiteren Verlauf meiner Entwicklung. Weil mir alles so gut schmeckte, ass ich ständig und konnte nicht verzichten oder aufhören. Mir war zwar dauernd unwohl, aber ich ass weiter. So nahm ich innerhalb kurzer Zeit fast 3 kg zu und fühlte mich sehr aufgedunsen und fett. Die Hosen sassen eng, was mich mächtig störte. Ich begann, Diät zu halten und konnte damit auch abnehmen. Doch statt bei meinem Wohlfühlgewicht aufzuhören, wurde ich noch dünner. Meine Magersucht war geboren. Von nun an war die Kontrolle über mein Gewicht ein wichtiger Pfeiler in meinem Leben, ein normales Essverhalten verlor ich mehr und mehr. Dass dies problematisch war, konnte ich damals nicht erkennen. Je leichter ich wurde, umso besser fühlte ich mich. Die Probleme mit meiner Körperlichkeit holten mich ein, die Prägung aus meiner Säuglingszeit fügte das Ihre bei.

So kam ich immer weniger mit mir klar. Zu all dem setzte noch eine Ablösung von zu Hause ein. Ich ertrug meine Eltern einfach nicht mehr. Für sie war ich auch kaum mehr erreichbar. Sie merkten, dass etwas mit mir nicht stimmte, aber ich konnte mich ihnen nicht öffnen. So entschloss ich mich, von zu Hause auszuziehen. Das Glück war mir hold und ich fand Unterschlupf bei einer alleinstehenden Lehrerin, bei der ich mein erstes Praktikum absolviert hatte. Dort verlor ich dann jedoch vollends den Boden. U.a. wurde mir ein Apero in der Schule zum Verhängnis. Ich hatte zu viel gegessen und erbrach anschliessend zum ersten Mal meinen Mageninhalt. Die Bulimie zog in mein Leben ein. Sie war im Grunde genommen einfach eine Verschiebung der Magersucht in ein benachbartes Gebiet. Gleichzeitig wurde ich immer depressiver und litt unter Schlafstörungen.

Meine Eltern machten sich grosse Sorgen und meldeten mich bei einem Psychiater an, den ich sofort und gerne aufsuchte. Ich wollte ja, dass es mir besser ging und hätte dringend jemanden gebraucht, der mich auf meinem Weg unterstützte. Dieser Mann erkannte meine Not jedoch nicht und liess mich zudem kaum zu Wort kommen. Er schwatzte ziemlich viel von sich selbst, meine eigenen Probleme kamen gar nicht auf den Tisch. So erkannte er die Bulimie natürlich nicht. Wie sollte er auch? Er nahm sich ja nicht die Zeit, mit mir ein Vertrauensverhältnis aufzubauen, damit ich ihm erzählen konnte, worüber ich mich so sehr schämte. Stattdessen bekam ich Schlafmittel, die aber nichts nützten.

Der schlechte innere Zustand gipfelte in einem Praktikum, wo ich völlig versagte. Meine damalige Lehrerin erkannte meine Not und unterstützte mich insofern, als sie mir klar machte, dass ich mich bei ihr sofort melden müsse, wenn ich an einem Praktikumsplatz nicht wohl sei. Sie bezog die Bewertungen meiner knapp genügenden Leistungen und der schlechten Abschlussprüfung nicht in ihre Berechnungen mit ein, da sie von mir aus der Erfahrung wusste, dass ich eigentlich sehr Gutes zu leisten vermochte. Schliesslich entliess sie mich mit einer brillanten Note, was mir sehr half. Ich bin ihr noch heute dankbar.

Kapitel 3 - Erste Schritte im Erwachsenenleben

Nach der Ausbildung fand ich als junge Lehrerin eine Stelle in Aarberg. Ich bekam ein Teilpensum an der Unterstufe und betreute daneben ein fremdsprachiges Kind im Einzelunterricht. Zudem fand ich ein Zimmer bei einer alten Frau, das allerdings mehr einem Käfig glich. Gott sei Dank musste ich dort nicht lange ausharren, denn ich fühlte mich unwohl. Mit Glück kam ich bei einer ehemaligen Hebamme unter und bezog bei ihr ein grosszügiges wohnliches Zimmer in einem Haus mit einer guten Atmosphäre. Nach meinem ersten Jahr erhielt ich dann auch eine Klasse, bei der ich eine einjährige Stellvertretung übernehmen konnte. Endlich trat ein bisschen Stabilität in mein Leben ein und ich begann mich wohler zu fühlen. Als Lehrerin konnte ich meine Begabungen voll einbringen, so dass ich erfolgreich war und die Kinder sowie deren Eltern mich alle sehr mochten. Diese Bestätigung tat mir gut und ich blühte in meinem Wirkungsfeld auf. So war es ein Segen für mich, dass meine Stellvertretung schliesslich noch um zwei Jahre verlängert wurde. Auch mit meiner Schlummermutter verband mich viel Sympathie, meine Welt stimmte wieder um einiges mehr. Mit meiner Bulimie fand ich allerdings keine Lösung, kontrollierte sie einfach, so gut es ging, hatte aber immer wieder Abstürze.

Die recht friedliche Zeit wurde allerdings durch einen Unfall gestört. Schon als Kind hatte ich eine grosse Liebe für Pferde und verschlang sämtliche Pferdebücher, die mir in die Hände kamen. Meine Eltern konnten es sich nicht leisten, mir Reitunterricht zu finanzieren, was ich tief bedauerte. Da es in Aarberg einen Reitstall gab, fasste ich den Mut, mir meinen Traum zu verwirklichen und begann mit Reitstunden. Das Pech wollte es, dass ich bereits bei einer der ersten Stunden heftig von einem Pferd geschleudert wurde. Das Tier hatte sich erschreckt und brach trotz Longe aus. Ich war noch nie ein Held beim Stürzen gewesen. Da ich mich schlecht spürte, fiel ich meistens ungeschickt und verletzte mich deshalb schnell. So blieb ich auch diesmal am Boden liegen. Im Spital stellte sich dann heraus, dass ich einen Brustwirbel gebrochen und einen weiteren angebrochen hatte. Folglich musste ich drei Wochen dort bleiben und liegen. Noch heute ist mir nicht ganz klar, was dieser Unfall in meinem Leben bedeutet. Er hinterliess einige Spuren, denn seither habe ich immer wieder Probleme mit dem Rücken, das Gleichgewicht stellte sich nie mehr ganz ein. Ich musste lernen, mit dieser Tatsache zu leben und mit Turnen und Bewegung mich einigermassen fit zu halten. Aufs Pferd getraute ich mich nicht mehr, ich hatte zu viel Angst.

Nach drei Jahren Aarberg liefen meine Stellvertretungen aus und ich fand in Lyss eine neue Anstellung. Hier bezog ich meine erste eigene Wohnung bei einer lieben älteren Frau, mit der ich bis zu ihrem Tod ein gutes Verhältnis pflegte. Vor allem der Garten war für mich paradiesisch. Ich hatte meine eigenen Beete und bewirtete sie mit Hingabe und grosser Freude.

Jeder Wechsel der Wohnsituation erlaubte mir einen gewissen Neuanfang. Allmählich bekam ich meine Bulimie in den Griff, glitt jedoch gleichzeitig in eine Anorexie. Mit der Familie fand ich wieder eine bessere Beziehung. Der Erfolg als Lehrerin verlieh mir ein gewisses Selbstwertgefühl.

Trotz allem stimmte es in meinem Inneren nicht. Nach wie vor plagten mich heftige Ängste vor dem Tod. Ich suchte nach Antworten, die ich nicht fand. In meiner Not geriet ich fast in die Fänge der Zeugen Jehovas. Ich konnte gerade noch einen Notstopp reissen. Dann suchte ich in der örtlichen Kirche nach Halt. Zufälligerweise hatte ich nämlich einen der Pfarrer kennen gelernt, der mir sehr sympathisch war. Durch ihn war ich motiviert, mich mit verschiedenen Aktivitäten in einer schönen Form einzubringen. Ich versuchte mein Glück sogar in einem Bibelkreis. Diesen verliess ich allerdings fluchtartig, als er in sektiererische Bahnen zu gleiten drohte. Trotz etlicher bereichernder Stunden: was mir die Kirche bot, war mir einfach zu unlogisch. Ich konnte diese Dogmen schlicht nicht annehmen, womit meine Fragen auch diesmal unbeantwortet blieben.

Doch dann kam die Wende: eines Tages geriet mir ein Buch von einem Paul Brunton in die Hände. Es handelte vom *Selbst*, was für mich etwas völlig Neues war. Ich las darin und plötzlich schoss es von ganz tief in mir in mein Bewusstsein: das ist die Wahrheit, genau, das ist es. Ich wusste nicht, woher dieses innere Wissen kam, aber es war einfach plötzlich da, und zwar in einer Vehemenz und Klarheit, dass jeder Zweifel weggewischt war. Endlich fand ich Antworten über das Thema Tod, von denen ich einfach wusste, dass sie richtig sind. Damit war eine neue Lebensphase in mir angebrochen: ich vertiefte mich in die Esoterik. Hier entdeckte ich meine Welt, hier fand ich das, was mir half, besser zu verstehen. Ganz heimlich machte ich erste Meditationsversuche und fühlte mich dabei ziemlich bescheuert. Erst etwas später entdeckte ich, dass mein älterer Bruder auch mit Meditation in Kontakt gekommen war, womit ich mich nicht mehr so daneben fühlte. Zu dieser Zeit waren solche Dinge noch höchst suspekt. Schon nur das Tragen von Birkenstock-Schuhen verlieh einem einen Stempel. Und weil ich diese Schuhe eben bequem fand, war ich unvermittelt in diese suspekte Ecke gerutscht. Also behielt ich das Meiste für mich.

So baute ich mir langsam eine Welt auf, in der ich mich einigermassen wohl fühlte. Doch so richtig stimmig war es nicht, denn im Grunde genommen war ich einsam und verstand vieles nicht richtig. Zudem nagten viele Sehnsüchte in mir.

Als ich dann auch noch grosse Probleme mit einer schwierigen Klasse bekam, war die Zeit gekommen, mich weiter zu entwickeln. Dafür bedurfte ich jedoch noch eines kräftigen Anstosses einer weisen älteren Frau, bei der ich einen Weiterbildungskurs besuchte. Sie erkannte meine Situation und half mir, meine Ängste soweit zu überwinden, dass ich weitere Schritte ins Leben hinaus wagte. Sie sah, dass noch viele Träume in mir schlummerten. Mir wurde klar: wenn ich etwas davon in meinem Leben verwirklichen wollte, musste ich irgendeinmal damit beginnen. So reifte der Entschluss heran, mich zur Logopädin ausbilden zu lassen. Dieser Weg erschien mir zwar unendlich lange, aber ich nahm ihn in Angriff und schrieb mich an der Uni Fribourg für das entsprechende Studium ein.

Kapitel 4 - Studium der Logopädie

Nach acht Jahren Tätigkeit als Lehrerin begann nun ein völlig neuer Abschnitt in meinem Leben. Von Anfang an fühlte ich mich an der Uni wohl. Es war immer einer meiner heimlichen Wünsche gewesen, studieren zu können. Dennoch hatte ich für meine berufliche Laufbahn das Lehrerinnenseminar gewählt, folglich nicht das Gymnasium mit Matur. Zu dieser Zeit gewährte der Lehrer-Abschluss noch keinen Zugang zur Uni. Erst kurz nach meiner Patentierung fand die Öffnung statt. Damit kam ich in den Genuss, trotz einer „ungenügenden" Vorbildung Zulass zu allen Studien zu bekommen, die für mich während meiner Unizeit relevant waren.

Am Anfang der Ausbildung hatte ich den Eindruck, ich befände mich in den Ferien. Das Dasitzen und all die interessanten Fakten in Vorlesungen und Seminaren serviert zu bekommen, war ein krasser Gegensatz zu der ständigen Verantwortung im Lehrerberuf. Da ich eine gute Auffassungsgabe habe und schnell Strategien entwickelte, mit dem Stoff klar zu kommen, konnte ich in vollen Zügen geniessen. Für mich war dies ein Spass wie Kreuzworträtsel-Lösen. Damit war ich in meiner Klasse ein bisschen eine Exotin, denn die meisten Studierenden waren noch sehr jung. Sie hatten ihre lange Schulzeit erst gerade hinter sich gebracht und fanden es nicht so lustig, wieder mit Stoff eingedeckt zu werden. Ich hingegen schwelgte darin.

Während des ersten Jahres pendelte ich noch von Lyss täglich nach Fribourg. Dann konnte ich bei einer Studienkollegin ein WG-Zimmer beziehen. Leider musste ich schnell merken, dass ich eigentlich viel lieber alleine wohnte. Aber schon wieder war mir das Schicksal hold: die Kollegin hatte einen neuen Freund und hielt sich kaum noch in der Wohnung auf, zog dann schlussendlich ganz aus. Nun musste ich zwar den vollen Mietzins zahlen, aber das leistete ich mir. Ich hatte genügend Ersparnisse auf der Seite, da ich immer sehr bescheiden gelebt hatte und nun zusätzlich den Gürtel um einiges enger schnallte.

Mit dem Ortswechsel liess ich mich voll und ganz auf meine neue Welt ein und fand viel Gefallen an diesem Leben. Da mir das Lernen so leicht fiel und das Studium eigentlich mein ganzer Lebensinhalt war, wurde es mir sogar langweilig und ich beschloss, parallel zur Logopädieausbildung das Lizentiat zu erwerben. Wieder hatte ich Glück: die Regelung, dass Logopädie als eines von zwei nötigen Nebenfächern anerkannt wurde, war völlig neu und ersparte mir sehr viel Mehraufwand.

Während dieser Zeit hatte ich nicht viele Kontakte mit anderen Leuten. Ich lebte sehr zurückgezogen und fühlte mich auch oft einsam. Umso wichtiger war u.a. meine Schwester. Sie besuchte mich häufig am Wochenende. Das genoss ich sehr, denn ich fühlte mich mit ihr tief verbunden.

Allerdings machte ich mit ihr eine Erfahrung, die mich sehr prägte. In unserer Beziehung bestand bereits seit der Kindheit ein Ungleichgewicht. Sie holte sich oft Rat bei mir, ich hingegen handelte das Meiste mit mir selbst aus und teilte meine Probleme selten mit ihr. Wie bereits beschrieben kam es mir gar nicht in den Sinn, mich anderen Menschen mitzuteilen, wenn mich etwas belastete. Erst im Erwachsenenalter entdeckte ich, dass es beispielsweise in einer Beziehung wichtig ist, die eigenen Gefühle in Worte zu fassen und Unstimmigkeiten anzusprechen. Dabei war mir meine Schwester ein wichtiges Vorbild, da sie diese Fähigkeit bereits beherrschte.

Aber bis zu diesem Zeitpunkt war unsere Beziehung in dieser Hinsicht noch sehr einseitig, und das eben bereits seit der Kindheit. Sobald meine Schwester damals zur Schule ging, war „schülerlen" eines unserer Lieblingsspiele. Dabei lernte ich so nebenbei lesen und schreiben und entwickelte – weil ich es eben nicht systematisch lernte – leider eine Sauschrift. In den Zeugnissen war dies neben dem Turnen immer ein Schandfleck. Erst im Lehrerinnenseminar eignete ich mir dann eine schöne Schrift an, übte mich während einer gewissen Zeit sogar in Kalligrafie.

Nachdem ich also lesen und schreiben konnte, noch bevor ich in die Schule kam, musste ich immer häufiger die Lehrerinnenrolle übernehmen. Schon damals wusste ich, dass ich einmal diesen Beruf lernen wollte. Trotzdem wäre ich gerne auch einmal nur Schülerin gewesen, aber so klappte das Spiel mit meiner Schwester einfach nicht so gut. Sie wollte diejenige sein, die belehrt wird, ich sollte das Material bringen.

Über weite Strecken des Lebens war ich für sie immer eine stützende Kraft gewesen. Auch bei ihren Besuchen in Fribourg fragte sie mich jeweils um Rat. Doch anders als vorher setzte sie nie etwas um. Aber so waren meine Ratschläge absolut sinnlos. Damit stimmte für mich die Situation nicht mehr. Ich fühlte mich veräppelt und durch das Ganze überfordert. Folglich eröffnete ich ihr eines Tages, dass ich mich unter diesen Umständen nicht mehr in der Lage versah, diese Beziehung aufrecht zu erhalten. Zu spät merkte ich, dass ich mit meiner Entscheidung eine Verbindung zerschlug, die auf tiefsten emotionalen Schichten gründete. Mir war zu wenig bewusst, was ich damit anrichtete. Ob ich in meiner Überforderung jedoch eine andere Lösung hätte finden können, weiss ich nicht. Mir fehlte es an Reife und Erfahrung, ich hatte noch viel zu lernen.

Durch dieses Erlebnis brannte sich bei mir eine Erkenntnis tief ein: selbst eine völlig stabil erscheinende Beziehung konnte unvermittelt zerbrechen, aus welchen Gründen auch immer. Gab es folglich in diesem Leben überhaupt irgendwo eine Sicherheit, auf die man sich voll und ganz verlassen konnte? Ich wurde sehr vorsichtig und vermied es fortan, mich zu sehr an Menschen zu binden.

Ein weiteres Ereignis war für diese Zeit sehr prägend: ich verliebte mich in einen Assistenten, und zwar mit Haut und Haar. Er selbst wusste nichts von seinem „Glück", denn ich hätte mich nie zu äussern gewagt. So wartete ich einfach und war überzeugt, er würde mich auch lieben und es käme die Zeit, wo wir uns finden. Aber der Traum blieb ein Traum. Das Einzige, was geschah: ich verhielt mich immer dämlicher, konnte in seiner Gegenwart gar nicht mehr normal bleiben. Langsam dämmerte mir, dass ich mich möglicherweise verrechnet hatte und meine Träume ewige Träume blieben. Ich verstand das Leben nicht mehr, war ich in mir doch so sicher gewesen. Man muss wissen, dass ich zu diesem Zeitpunkt schon recht gute Instrumente entwickelt hatte, mit meinem inneren, stark auf Gefühlen und Bildern basierenden Gewahrsein vieles zu sehen und auch vorauszusehen. Doch hier sah ich offensichtlich gar nichts, womit mein ganzes Leben in Schieflage geriet. Hatten mich denn bisher alle meine Gefühle und Bilder betrogen? Auf diesen basierten aber meine Entscheidungen. Hatte ich also völlig falsch gelebt, alles falsch verstanden? Waren meine Einsichten über Leben und Tod etwa alles nur Einbildungen gewesen? Ich hatte eine gewaltige Krise. Damals konnte ich leider noch nicht erkennen, dass meine Intuitionen nur dann wirklich rein waren, wenn sie nicht mit Wünschen durchtränkt wurden (hier natürlich dem klaren Wunsch nach Liebe).

In dieser Zeit holte mich auch meine Magersucht in grösserem Stil ein: gesundheitliche Probleme plagten mich. Ich litt an chronischer Verstopfung, bekam immer häufiger Migräne und man entdeckte, dass ich eine Osteoporose entwickelt hatte. Auch die Depressionen meldeten sich vehement zurück. Mit mir selbst kam ich nicht mehr klar. Meine damalige Ärztin schätzte die Situation richtig ein und motivierte mich zu einer Psychotherapie. Noch heute bin ich dem Psychiater dankbar, der mir mit seiner unermüdlichen Präsenz viel Boden gab, womit ich mich nach schlimmen inneren Kämpfen wieder vermehrt dem Leben öffnen konnte. Ich musste lernen, mich langsam aus meinen esoterischen Höhen zu verabschieden und mich mit der irdischen Ebene auseinanderzusetzen, also auch mit meiner Körperlichkeit. Allmählich fand ich Strategien, damit besser klar zu kommen. Das Einzige, das mich in dieser Zeit aufrecht hielt, war mein Studium. Nach wie vor machte mir die Kopfarbeit Spass und der Erfolg motivierte mich.

So beendete ich die Ausbildung zur Logopädin mit guten Erfolgen, gleichzeitig konnte ich das Lizentiat abschliessen. Weil ich in meinem neuen Beruf keine Stelle fand, die mir gepasst hätte, griff ich nach einem Angebot der Uni, wurde wissenschaftliche Mitarbeiterin im pädagogischen Institut und nahm eine Doktorarbeit in Angriff. Zu dritt waren wir für eine Studie verantwortlich, bei der es um Lernabläufe ging. Während allerdings meine beiden Mitarbeiter ständig vom Doktorvater eingespannt wurden und nicht sehr viel Zeit für sich fanden, wurde ich merkwürdigerweise meistens übergangen. So kam ich in einem Riesentempo mit meiner Dissertation vorwärts, womit ich innert kürzester Zeit auch diesen Abschluss mit Bravour meisterte.

Nun war aber guter Rat teuer. Wie weiter? Irgendwie merkte ich, dass ich auf eine Sackgasse zusteuerte und im Begriff war, falsche Weichen für mein Leben zu stellen. Ich hätte ohne weiteres das Amt der Professorin anstreben können, das nötige Rüstzeug hatte ich. Aber wenn ich diesen Weg vor meinem inneren Auge anschauen wollte, sah ich nur schwarz. Weil ich nicht wusste, was ich tun sollte, begab ich mich in eine mediale Beratung, welche mir mein Doktorkollege empfohlen hatte. So betrat ich wieder einmal Neuland, diesmal aber eines, das mein Leben auf den Kopf stellen sollte. Davon ahnte ich aber natürlich noch nichts. Ich wusste einfach, dass ich sehr viel Geld ausgab und viel Zeit investierte, um zu dieser Frau nach Basel zu pilgern, mich von ihren geistigen Beratern durch meine inneren Welten führen zu lassen und diese zu bereinigen.

Kapitel 5 - Swamiji

Weil ich nicht wusste, welchen Weg ich für mein Leben einschlagen sollte, suchte ich eine Übergangslösung. Schlussendlich landete ich als Sozialpädagogin in der Stiftung Steinhölzli in Bern. Einmal mehr packte ich meinen Haushalt in Schachteln und zog nach Bern Bümpliz. Meine neue Arbeit bereitete mir Freude, aber die Arbeitsbedingungen waren für mich hart. Die unregelmässigen Arbeitszeiten und die fehlende Beweglichkeit der Institution, diesbezüglich flexiblere Lösungen anzubieten, machten mir sehr zu schaffen.

Weiterhin arbeitete ich mit Hilfe der medialen Beratung an mir. Dabei kam ich auch in Kontakt mit der Idee, eine Polarity-Ausbildung zu machen. Als ich die entsprechenden Unterlagen las, merkte ich, dass die Themen allesamt genau meinen Interessen entsprachen. Ich zögerte aber noch mit einer Anmeldung, weil ich das Gefühl hatte, das Ganze überfordere mich. Vor allem die Auflage, neben der Ausbildung selbst Therapiestunden besuchen und Therapiesitzungen mit eigenen Klienten abhalten zu müssen, schien mir kaum umsetzbar. Hier machte ich dann eine Erfahrung, die für mich seither wegweisend ist: ich telefonierte mit der Schulleiterin und äusserte meine Zweifel bezüglich der Machbarkeit. Sie kam mir gleich entgegen und meinte, ich müsse in einem ersten Schritt keine eigene Therapie machen und auch keine Therapien zu Übungszwecken geben, ich müsse nur den Kurs besuchen. Das schien mir realistisch und somit meldete ich mich an. Kaum hatte ich dies gemacht, schossen auf einmal Ideen durch meinen Kopf, wie ich das Ganze bewältigen könnte. Ich lernte: manchmal muss man sich auf ein neues Feld einlassen und mit ihm in Kontakt treten, bevor man es in seinen Einzelheiten wahrnehmen und sich darin orientieren kann. Erst dann wird sichtbar, was es alles mit sich bringt und es zeigen sich in der Folge entsprechende Lösungen. Das motiviert mich, seither Schritte in Neuland zu wagen, selbst wenn ich keine konkreten Ideen habe, wie ich mich dort schlussendlich bewegen kann.

So besuchte ich parallel zu meiner 100%-Stelle, die mich sehr anstrengte, diese Ausbildung. Durch die Doppelbelastung geriet ich dann allerdings in eine Erschöpfung und brach eines Morgens zusammen. Als ich wieder einigermassen auf den Beinen war, konnte ich durchsetzen, dass ich während eines Monats nur noch 80% arbeitete. Das gab mir die Möglichkeit, wieder soweit Energien aufzubauen, dass ich die Ausbildung mit dem Rest meiner Kräfte abzuschliessen vermochte.

Eines Tages, als ich wieder in Basel war, fragte mich die Therapeutin, ob ich einen geistigen Lehrer hätte. Ich wusste nicht, was sie damit meinte, war in dieser Beziehung völlig unwissend. Also bot sie mir an, in meinen Energien nachzuschauen. Sie wurde auch gleich fündig und informierte mich, dass ich bereits einen hätte, der mich begleite, und zwar denselben wie sie. Dann nannte sie mir einen Namen, der ziemlich lang und kompliziert war. Ich konnte nichts damit anfangen und liess es auf sich beruhen. Bei einer der folgenden Sitzungen riet mir die Therapeutin, den Kontakt zu meinem geistigen Lehrer aufzunehmen. Ich hatte keine Ahnung, wie das geschehen sollte, wusste ich doch nicht einmal, wer dieser Mann war und wo ich ihn finden könnte. Sie schrieb mir dann den Namen auf und gab mir ein Bild mit, auf dem ein Inder zu sehen war, der äusserst anziehend wirkte.

Zu Hause begab ich mich in eine Buchhandlung und entdeckte eine Biografie über diese Person. Sogleich begann ich zu lesen und machte die Erfahrung, dass ich zwar die Worte las und auch verstand, dass aber hinter den Worten noch eine ganz andere Energie zu spüren war. Aus der Lektüre erfuhr ich u.a., dass dieser Mann, den alle Swamiji (sprich „Swamitschi") nannten, Musik komponierte und zu Heilzwecken nutzte. So besuchte ich wiederum die Buchhandlung und hatte Glück: sie hatten genau eine einzige CD von diesem Sri Ganapathi Sachchidananda Swamiji, die ich gleich kaufte. Wieder daheim legte ich sie sofort in mein Musikgerät, hatte allerdings nicht viel Hoffnung, dass mir die Klänge gefallen würden. Ich mochte eigentlich vorwiegend klassische Musik. Als dann das erste Lied dieser CD erklang, geschah etwas völlig Unerwartetes: es war, als fahre eine

Kraft in meinen Körper, so dass ich nicht mehr still sitzen konnte, sondern mich einfach mit der Musik bewegen musste. Dies war für mich absolut bizarr, denn ich bin eher verklemmt und muss schon gut bei Stimmung sein, dass ich quasi zu tanzen beginne. Aber hier hatte ich keine Wahl, ich MUSSTE mich bewegen. Ziemlich erschüttert kam ich wieder zur Ruhe. Ich wusste: hier lief etwas ab, das ich nicht verstand, das aber für mich von grösster Wichtigkeit war. Nun las ich ernsthafter in der Biografie weiter und nahm die Energien bewusster zur Kenntnis, die damit einher liefen. Ich hatte ganz deutlich das Gefühl, einen Kontakt mit diesem Swamiji zu haben. Plötzlich verstand ich auch, weshalb ich in Basel immer das Gefühl gehabt hatte, nicht die Therapeutin selbst spreche zu mir, sondern eine Stimme hinter ihr. Swamiji hatte sich durch sie in mein Leben eingeschaltet, die Frau diente lediglich als Kanal.

Zu dieser Zeit geschah es auch, dass einmal meine Arbeitskollegin zu mir für eine Therapiesitzung kam. Ich hatte ihr aus grossen Schwierigkeiten helfen können, so dass sie meine Hilfe nun sehr gerne annahm. Nach einer erfolgreichen Sitzung ging sie zufrieden nach Hause und ich wollte gerade die Therapieliege versorgen, da fuhr es plötzlich wie ein Blitz durch mich: „jetzt kannst du dein eigenes Ding machen". Ich stand ganz perplex da und versuchte, klar zu denken. Wenn ich richtig verstanden hatte, sollte ich eine Praxis eröffnen. Davor hatte ich aber sehr grossen Respekt, denn ich war nicht besonders risikofreudig. Mir war es lieb, dass ich einfach Ende Monat meinen Lohn auf dem Konto hatte und mein Leben einigermassen berechenbar war. Dennoch war diese Stimme dermassen klar gewesen, dass ich sie nicht einfach zur Seite schieben konnte. So beschloss ich, einen Test zu machen: würde ich innert nützlicher Frist einen Raum finden, der mir zur Verwirklichung dieser Aufgabe diente, würde ich die Sache in Angriff nehmen.

Einige Tage später kam mir auf einmal in den Sinn, dass es in dem Haus, in dem ich wohnte, im Keller einen Raum gab, den mein Nachbar als Abstellkammer benützte. Sofort setzte ich mich mit dem Vermieter in Verbindung, schilderte ihm meine Pläne und fragte ihn, ob dieser Raum ev. verfügbar wäre. Ich erfuhr, dass bei der Haussanierung einige Jahre zuvor extra alle Anschlüsse wie Strom, Wasser, Telefon etc. im Keller waren installiert worden, damit die jetzige Abstellkammer gegebenenfalls anders genutzt werden konnte. Nun musste nur noch der Nachbar seine Zustimmung geben. Und siehe da: es klappte.

Die letzte Hürde stand noch bevor: konnte der Raum innert nützlicher Frist für meine Zwecke zurechtgemacht werden? Doch auch dieser Teil war bald geklärt: die Arbeiten würden genau zur geplanten Eröffnung der Praxis ihren Abschluss finden. Konnte das alles noch Zufall sein? Für mich war die Sache klar, ich nahm die Herausforderung an, obschon ich die Ausbildung erst einige Wochen nach der geplanten Eröffnung abschliessen würde. Mit grosser Erleichterung kündete ich meine Stelle, denn sie war für mich immer belastender geworden und ich fand kaum noch die Kraft, die Anforderungen zu meistern.

Während dieser Zeit der Planung und Neuorientierung hatte ich das grosse Glück, dass Swamiji nach Zürich kommen sollte. Als ich davon Kenntnis bekam und die Sache mit meinem älteren Bruder besprach, meinte er spontan, ihn würde das Ganze auch interessieren. Allerdings hatte ich keine Ahnung, wo genau der Meister zu sehen war. Ich wusste nur, dass es ein Konzert geben würde. Doch in solchen Dingen ist auf meinen Bruder absoluter Verlass: er nahm alles in die Hände, informierte sich über die Details und besorgte Konzertkarten. So konnte ich mich entspannt auf den Tag freuen, an dem ich diesem Mann begegnen würde, der offensichtlich mein geistiger Lehrer war und mit dem ich irgendwie schon in einem mysteriösen Kontakt stand.

Dann war es endlich soweit. Ich sass in den Zuschauerrängen und wartete mit allen anderen auf das Erscheinen von Swamiji. Endlich kam er und füllte mit seiner Energie gleich die ganze Halle. In mir bewegten sich viele und diffuse Gefühle. Irgendetwas geschah in meinem Inneren, aber so genau konnte ich dies nicht einordnen. Ich liess mich dann einfach von der Musik tragen und das Ganze auf mich wirken. Am folgenden Tag fanden noch eine *Puja** und eine *Homa** statt, auch dort waren mein Bruder und ich zugegen. Da erlebte ich meinen Lehrer als mir näher und zugänglicher und ich spürte ganz andere Energien. Als die Zeremonien liefen, stellte ich geistig die Frage, ob das mit der Praxis wirklich stimmte und ich diesen Weg unter die Füsse nehmen sollte. Kaum war der Gedanke fertig gedacht, spürte ich von hinten eine Kraft in meinen Rücken stossen, die mich förmlich nach vorne drängte. Die Antwort war klar: geh voran! Nun hatte ich doppelte Bestätigung für meine Pläne, was mich sehr beruhigte.

Kapitel 6 - Die Anfänge meiner Praxis

1.1.1999: es war soweit, meine Praxis war geboren. Nun musste ich nur noch Leute haben, welche sich von mir behandeln lassen wollten. Das ist gar nicht so einfach, denn in Bern gibt es Unmengen von Therapeuten, auf mich hatte niemand gewartet. Am Anfang genoss ich es, einfach Zeit für mich zu haben und mich von den Strapazen meiner letzten Stelle zu erholen. Doch dann wurde es langsam schwierig, Existenzängste begannen mich zu plagen. Mir war klar, dass ich Werbung machen musste, dass dies aber nicht eine Gewähr für Erfolg war. Inzwischen wusste ich sehr gut, dass da noch andere Kräfte in unseren Leben wirken, mit denen man arbeiten muss. Da geht es u.a. um innere Blockaden wie Angst vor der Verantwortung, die gelöst werden müssen. Sonst können sie ein solches Vorhaben sabotieren. Zudem war ich mittlerweile quasi „in Ausbildung" bei meinem Swamiji, womit eine harte Schulung verbunden war. Diese gewährleistete, dass mein Ego mir nicht in die Quere kam bzw. dass es sukzessive abgebaut wurde. Ich würde also kaum Erfolg haben, wenn damit mein Ego aufgebläht würde. Je mehr Egoanteile zudem in die Therapie hineinspielen, umso mehr wird die Wahrnehmung verzerrt und der Erfolg beeinträchtigt. Da ich ja eine gute Therapeutin sein wollte, musste ich intensiv an diesem Teil arbeiten.

    Es gab Zeiten, in denen ich die ganze Sache abbrechen wollte, aber eine innere Stimme sagte mir so deutlich, dass dies der grösste Fehler wäre, dass ich weiter machte. Die freien Stunden nutzte ich deshalb, um an mir zu arbeiten. Ich malte viel und kam damit sehr gut mit meinen unterbewussten Schichten in Kontakt. Seit meiner unglücklichen Liebe an der Uni war ich vorsichtig geworden. Ich wusste, dass die innere Stimme noch nicht ganz verlässlich war, da schwangen noch zu viele Wünsche mit. Ich wusste aber auch, dass ich mittels Malen ein recht zuverlässiges Mittel hatte, um an unverzerrte Informationen zu gelangen. Das Umsetzen meines Inneren in Form und Farbe erwies sich als „sauberer Kanal". So liess ich mein Unterbewusstsein zu mir sprechen und konnte mich dadurch in meinem Prozess orientieren. Ich sah, dass alles in mir darauf abzuzielen schien, eine erfolgreiche Praxis aufzubauen, aber trotz verschiedener Werbekampagnen hatte ich kaum neue Leute. Langsam merkte ich, dass ich so nicht weiter machen konnte. Ich musste zumindest teilweise arbeiten gehen, damit Geld hereinkam. So blickte ich mich um, wurde aber vorerst nicht fündig. Da erfuhr ich durch meine Studienkollegin, mit welcher ich vormals die Wohnung geteilt hatte, dass im Raum Zürich Logopädinnen gesuchte Mangelware waren. Weshalb also nicht den Suchradius erweitern? Es dauerte nicht lange und ich bekam für den Sommer 99 eine 50%-Stelle in Wädenswil zugesprochen. Die Reise war zwar lang, aber auch dafür fand ich eine Lösung: mein älterer Bruder wohnte damals in Rüschlikon, einem benachbarten Ort von Wädenswil. So liess es sich einrichten, dass ich die erste Hälfte der Woche bei ihm unterkam und meiner Arbeit nachging, ab Mittwoch dann meine Praxis betreute.

Ich war sehr willkommen in Wädenswil und fand mich nach kurzer Einarbeitung gut in meinem neuen Wirkungsfeld zurecht, obschon ich schon lange nicht mehr als Logopädin tätig gewesen war. Die Zeit mit meinem Bruder empfanden wir beide als sehr schön und wertvoll. Vor allem lernte ich ihn auch von einer ganz neuen Seite kennen und war häufig von seiner Art, wie er mit dem Leben umging, beeindruckt.

Oft werde ich gefragt, ob ich diese Begabung, Energien zu spüren und zu „hören", schon immer gehabt hätte. Die Frage ist schwierig zu beantworten, denn ich weiss ja nicht, ob das, was ich als Kind wahrnahm, „normal" war. Es war einfach so, wie es war. Erst als junge Lehrerin entdeckte ich im Rahmen eines Kinesiologie-Kurses, bei dem ich mit einer Kollegin übte, dass ich offensichtlich mehr wahrnahm, als dies der Regel entsprach. Die Frau war mir äusserst behilflich, diese inneren Stimmen und Bilder zu kultivieren und ihnen vertrauen zu lernen. Ich bin sehr dankbar für die Unterstützung, die ich durch sie genoss.

So richtig ernst wurde es aber erst mit dem Auftauchen von Swamiji in meinem Leben. Ich liess mich so gut, wie es mir möglich war, von Ihm führen. Dabei musste ich wohl oder übel auf meine innere Ebene vertrauen, da ich ja keinen direkten Kontakt mit Ihm hatte. Überhaupt beschränkte sich meine Beziehung zu Ihm auf eine „Fernbeziehung", die ich aber sehr ernst nahm und die immer mehr zum Zentrum meines Lebens wurde.

Noch bevor ich mit meiner Stelle in Wädenswil begonnen hatte, kam ein Aufruf vom Polarity-Verband, wir sollten die Therapieform bekannter machen und – wenn wir die Möglichkeit dazu hätten – ev. auch in der lokalen Presse Artikel erscheinen lassen. Da kam mir die Idee, dass unser Lokalblatt vielleicht Interesse haben könnte. Ich setzte mich mit dem zuständigen Redaktor in Verbindung und dieser erschien dann auch einige Zeit später mit Block und Fotoapparat. Mit letzterem hatte ich nicht gerechnet, war somit sehr positiv überrascht. Nach wenigen Wochen war dann das Resultat geboren: in einer erweiterten Ausgabe der *Bümpliz Woche*, die in vielen Gemeinden verteilt wurde, prangten mein Bild und ein ansprechender Text auf der ersten Seite. Bald kamen die ersten Anrufe und ich konnte neue Kunden in meine Agenda eintragen. Das war ein wundervoller Augenblick. Ich wusste aber: „jetzt musst du dich beweisen". All diese Personen würden einmal mit der Therapie abschliessen. Wenn es also keine neuen Kunden nachzog, war ich bald wieder dort, wo ich gestartet hatte. Aber offensichtlich begann nun meine innere Arbeit Früchte zu tragen: Familienmitglieder der neuen Klienten wollten meine Dienste ebenfalls in Anspruch nehmen, später Freunde und weitere Bekannte. Meine Praxis begann zu wachsen.

Ich hatte immer gewusst: wenn ich als Therapeutin Erfolg haben wollte, musste ich etwas bieten, was andere nicht konnten. Meine Fähigkeiten, die inneren Welten der Menschen wahrzunehmen, schienen nun zu einem tragenden Element zu werden. Ich konnte die Probleme meiner Klienten in tieferen Seelenschichten aufspüren und entsprechend bearbeiten, so dass die Erfolge nachhaltig und gut waren.

Immer stand mir Swamiji zur Seite. Wenn ich bei einer Person nicht weiter wusste, zeigte Er mir auf innerer Ebene einen Weg, der dann jeweils auch zum Erfolg führte. So toll meine Fähigkeiten sind und waren, so viel hatte ich auch noch zu lernen. Es war nicht immer einfach und ich musste mir nach und nach das Wissen erarbeiten, wie mit den Problemen der Leute umzugehen war, welche Verantwortlichkeiten ich hatte, wie ich sie abdecken konnte und vieles mehr.

Manchmal stellte ich mir die Frage, weshalb ich eigentlich an der Uni doktoriert hatte, nun benützte ich meinen Titel ja gar nicht. Ich merkte aber schnell, dass schon einfach die Tatsache, das „Dr." vor meinen Namen schreiben zu können, den Menschen Vertrauen gab. All diese energetischen Therapieansätze waren vielen suspekt. Der Titel verlieh mir Seriosität, was mir damals und auch heute noch sehr diente. Zudem hatte ich durch meine Studienzeit viel über das innere Funktionieren von Menschen gelernt, das mir nun zugute kam. Auch meine Lehrerinnenvergangenheit war sehr wertvoll, da ich leichten Zugang zu Kindern fand und eine der wenigen Therapeutinnen im Raum Bern war, die mit ihren Problemen so erfolgreich umgehen konnte.

Während ich also noch die eine Hälfte der Woche in Wädenswil verbrachte, wuchs meine Praxis kontinuierlich. Bereits nach einem Jahr musste ich meine Logopädie-Stelle wieder künden, denn es wurde mir zu viel. Dieser Schritt verursachte allerdings einiges Unbehagen, denn nun liess ich den sicheren Rahmen der Festanstellung fahren, musste mich also voll und ganz beweisen.

Während all der Jahre war meine Gesundheit immer wieder ein Thema, das mir viele Probleme bereitete. Ich war gezwungen, mit „harter Chemie" zu arbeiten, damit meine Knochen aufgebaut werden konnten. Mein Essverhalten war mehr als gestört und meine Migränen nahmen tendenziell zu, so dass ich verschiedene Medikamente einnehmen musste, um sie einigermassen in Schach zu halten. Zudem war meine Verdauung eine Dauerbelastung, da ein Reizdarm mir viel Unbehagen bescherte. Aber irgendwie gab es immer wieder Lösungen und ich hatte das Glück, von guten Ärzten betreut zu werden.

Kapitel 7 - Ashram

Eigentlich gehöre ich nicht unbedingt zu den mutigsten Menschen, ich lebe lieber nach dem Prinzip „Sicherheit". Doch Swamiji schien mich zu beflügeln: ich wollte nach Indien reisen und den *Ashram** besuchen. Mittlerweile wusste ich, dass man für solche Unterfangen Swamiji um Erlaubnis fragen musste. Also setzte ich mich mit klopfendem Herzen hin und schrieb eine E-Mail in den Ashram. Damals wusste ich noch nicht, dass viele Mails gar nie beantwortet werden. Ich auf jeden Fall bekam postwendend die Erlaubnis, Swamiji zu besuchen. Ein altgedienter *Devotee** riet mir, ans *Navaratri-Fest** zu gehen. Dort wird während 10 Tagen der weibliche Aspekt der Schöpfung verehrt. Davon wusste ich allerdings noch nichts. Überhaupt wusste ich zu dieser Zeit noch nicht viel, alles rund um Swamiji war mir fremd. Ich bewunderte Devotees, welche das *Datta Stava**, ein Gebet in Sanskrit, vollständig mit allen Strophen auswendig singen konnten. Das kam mir als eine überirdische Leistung vor. Auch von den Ritualen verstand ich nichts. Die vielen Götter waren mir ebenfalls ein Rätsel, ich konnte nichts mit ihnen anfangen. Das empfand ich auch nicht als weiter schlimm, denn für mich war vor allem der innere Kontakt zu Swamiji wichtig. Den ganzen Rest rundherum konnte ich bestens ausblenden. Diese Verbindung zu Ihm erlebte ich als sehr lebendig: ich hörte Seine Stimme, spürte Ihn in mir und fühlte mich durch Ihn gut angeleitet.

Ich befolgte also den Rat dieses Swamiji-Schülers und meldete mich für das Navaratri im Ashram an. So hatte ich auch die Möglichkeit, mit diesem Mann zusammen zu reisen. Eines schönen Abends bekam ich dann ein Telefon, er könne nicht mitkommen. Er versicherte mir aber, dass die Reise ganz einfach sei und er mir alles genau erklären würde. So nahm ich also allen meinen Mut zusammen und bereitete mich vor.

Welch ein Riesenstein fiel von meinem Herzen, als ich in Zürich am Gate meiner medialen Beraterin von Basel begegnete. Mit einer ihrer Freundinnen war sie ebenfalls unterwegs in den Ashram. Nun konnte ich mich entspannen und innerlich auf die neue Erfahrung vorbereiten.

Im Dezember 98 war ich kurz in New York gewesen, um eine alte Freundin zu besuchen. Dabei erlebte ich die Flughäfen als ziemlich stressige Orte, weil ich mich nicht auskannte. Besonders in New York wurde es mir nicht einfach gemacht. Die Leute waren eher unfreundlich und ich wurde vielfach einfach weitergeschoben, oft mit Ungeduld. Ganz anders gestaltete sich meine Ankunft in Indien. Sofort fühlte ich rund um mich eine gewisse Wärme und Hilfsbereitschaft. Überall gab es nette Leute, die mir halfen, meinen Weg zu finden. Es war ein krasser Gegensatz zu New York und ich bekam das Gefühl, ich käme hier nach Hause.

Mein Empfang im Ashram war dann allerdings nicht gerade ermutigend: die Nachricht, dass ich an Navaratri anwesend sein würde, war irgendwo stecken geblieben. Auf jeden Fall gelangte sie nicht zu Pingala, der die Betreuung der Ausländer unter sich hatte. Damit war meine Unterkunft nicht eingeplant. Zum Glück hatte es in der sogenannten „Angels Hall" (wir Ausländer werden *Angels* genannt, da wir nach Indien geflogen kommen) noch ein freies Bett. Dieser Raum war mit fast 20 Betten bestückt und während des Festes ziemlich voll, also eine Herausforderung für mich, da ich alleine lebe und Massenlager nicht gewohnt bin. Für uns alle hatte es zwei Toiletten und zwei Duschen. Letztere sind ein Luxus, wie ich später erkannte. Dass es dort sogar Boiler gab, die heisses Wasser produzierten, war noch grösserer Luxus. Normalerweise gibt es einen Wasserhahn, unter den man einen Kessel stellt, welchen man mit kaltem Wasser füllt. Dann dienen Literbecher dazu, das kühle Nass über den Körper zu giessen. Zur Angels Hall gehörte auch eine Küche, in der man sich Kleinigkeiten selbst zubereiten konnte. Wir mussten also nichts entbehren, Swamiji verwöhnte uns sehr.

Nun befand ich mich also im Ashram und musste mich irgendwie zurechtfinden. Zu meinem Leidwesen verstand ich die Inder nicht, selbst wenn sie Englisch redeten. Erst viel später begann ich dieses „Indisch-Englisch" teilweise zu verstehen. So war ich immer darauf angewiesen, dass mir deutschsprachige Devotees, von denen es zum

Glück einige gab, das Wichtigste übersetzten. Irgendwie arrangierte ich mich mit der Ernährung, die aus viel Reis bestand. Für uns Angels wurde während der Festlichkeiten separat gekocht, und zwar sehr varianten- und abwechslungsreich. Das indische Essen war viel zu scharf für unsere Gaumen.

Täglich nahm ich am Programm teil und sass in den Zuschauerrängen, während Swamiji auf der Bühne Rituale vollzog. Dabei wurde jeden Tag eine andere Göttin verehrt. Von all dem verstand ich wenig, mir waren einfach die Energie und die Nähe von Swamiji wichtig. Ich entdeckte bald, dass man die Möglichkeit hatte, jeden Tag bei Ihm persönlich vorbeizugehen. Zu diesem Zweck musste man eine sogenannte Seva buchen und bezahlen. Eine Seva bezeichnet einen Dienst, den man macht. Das wusste ich aber auch noch nicht. Ich sah einfach, dass man dauernd für alles zahlen musste und wurde innerlich deswegen ungehalten, denn ich hatte nicht übermässig viele Rupies dabei. Ein Gefühl stieg in mir hoch, finanziell ausgepresst zu werden, was ich absolut nicht mit dem spirituellen Gedanken vereinbaren konnte. Erst gegen Ende des Navaratris begriff ich, dass dies ein Sponsoring war, mit dem Swamiji diese Festlichkeiten und noch viele andere Dinge finanzierte. Seine verschiedenen sozialen Projekte kosteten Geld, das Er irgendwie auftreiben musste. Zudem war gemäss altem Brauch der Aufenthalt im Ashram fast gratis, inklusive Essen. Und das kostete eben, denn zu essen brauchte es viel: von Tag zu Tag füllte sich der Ashram mit mehr Leuten, die verköstigt werden wollten. Noch nie hatte ich solch eine rationelle Speisung von so vielen Leuten erlebt. Mit einem Blechteller standen die Menschen Schlange, bekamen aus riesigen Töpfen einen Klatsch Reis darauf und dazu teilweise Gemüse oder Sosse. Dann sass man zusammen und ass – wie dies in Indien Brauch ist – mit den Händen.

Das Schöne am ganzen Seva-System ist der Umstand, dass man am Schluss der Rituale gegen Abend aus Swamijis heiligen Händen das sogenannte Prasadam erhält. Das sind gesegnete Gegenstände wie kleine Anhänger, aber auch ein Stück Gelbwurz, Süssigkeiten und/oder heilige Asche etc. So macht uns Swamiji das Spenden und somit das Loslassen von Geld und der entsprechenden Gier einfach.

Wir bekommen quasi noch Geschenke dafür, dass wir unser Ego abbauen. Immer und immer wieder versüsst uns Swamiji unseren Weg, den Er uns führt.

Wenn man beim Empfang des Prasadams vor Swamiji vorbeipilgert, möchte man natürlich die volle Aufmerksamkeit des Meisters für sich haben (o je, das liebe Ego!) und lechzt danach, einen Blick und eines der wundervollen Lächeln von ihm zu bekommen. Doch o weh, oftmals scheint Swamiji ganz andere Dinge parallel zur Übergabe des Prasadams zu tun und würdigt einen keines Blickes. Da bäumt sich dann das Ego heftig auf, ist verletzt und beleidigt. Erst mit der Zeit konnte ich in diesen Momenten erkennen, dass Swamiji sehr wohl bei mir war, aber mehr mit anderen Bereichen von mir befasst, die er kurz betrachtete und sie auch bearbeitete. So lernte ich, dem Sichtbaren nicht ein übermässiges Gewicht zu geben, sondern den Sinn von jeder Handlung und von jedem Wort von meinem Meister in mir zu erkunden.

Während der Tage im Ashram erlebte ich immer wieder, während ich den Ritualen von Swamiji auf der Bühne zuschaute, plötzlich wie einen Filmriss. Ich empfand mich dann als ausserhalb des ganzen Geschehens, schaute dieser Person dort vorne zu und dachte mir: „Was machen wir da eigentlich alle? Was soll das? Wir schauen da einem Mann zu, der Runden um einen Schrein mit einer Gottheit dreht, mit Wasser und anderen Dingen hantiert und sind hin und weg. Sind wir denn alle verrückt?" Ich musste mich dann jeweils wieder zurückholen und auf die Energien einlassen, die vom ganzen Geschehen erzeugt wurden.

Nach einigen Tagen Aufenthalt im Ashram bekam ich plötzlich Angst vor Swamiji. Mir schien, der Mann verfüge über unheimliche Kräfte. Was, wenn ich da am falschen Ort war und Er mit Seinen Kräften etwas mit mir anstellte, das ich gar nicht wollte? Es war sehr schwer, mich den Abläufen noch zuzuwenden, am liebsten wäre ich davongelaufen. Ich konnte mich dann jeweils wieder beruhigen, aber so richtig wohl war mir nicht mehr. Erst zu Hause, mit einem gewissen Abstand, begann ich plötzlich die grosse Liebe von Swamiji zu spüren, die mir zeigte, dass Er seine Kräfte nur dazu benützt, uns zu helfen.

Immer, wenn ich bei Swamiji vorbeigehen durfte, empfand ich eine grosse Scheu. Ihn anzusprechen war mir fast unmöglich. Die Worte wären mir wohl im Hals stecken geblieben. So musste ich am letzten Tag meinen ganzen Mut zusammennehmen, um Ihm eine Frage zu stellen, die bereits seit einigen Tagen in mir gärte. Wenn man wollte, bekam man nämlich von Swamiji einen spirituellen Namen. Mein Wunsch danach war sehr gross, denn irgendwie wollte ich noch mehr dazugehören, und ein solcher Name würde die Verbindung mit meinem Meister gewiss verstärken. An meinem letzten Tag konnte ich wieder bei Swamiji mein Prasadam in Empfang nehmen. Da gab ich mir innerlich einen grossen Ruck: jetzt oder nie, hiess die Devise. Ich sprach Ihn an. Und siehe da, Er beugte sich vor und schaute mich ermutigend an. So bat ich Ihn, mir einen Namen zu geben. Er blickte mir ins Gesicht und fragte, ob Er mir denn noch keinen gegeben hätte? Ich verneinte, worauf Er sofort sagte: Savitri. Eine Welle von völlig wirren Gefühlen durchfuhr mich. Er musste den Namen wiederholen, denn ich konnte ihn vor lauter innerem Chaos nicht richtig verstehen. Ein Priester erklärte mir dann später, dass dies die Sonnenstrahlen bezeichnet. Die Namen hätten immer etwas mit der Aufgabe der Person im Leben zu tun. Meine Aufgabe sei es, wie die Sonne meine Strahlen auf alle leuchten zu lassen, egal ob arm oder reich, ob ethisch oder unethisch etc. Das konnte ich gut verstehen, denn in meiner Praxis hatte ich es ja mit vielerlei Leuten zu tun, und alle sollten Hilfe bekommen, wenn sie welche suchten. Mit Urteilen musste ich eh sehr gut aufpassen, das hatte ich bereits erkannt. Diesbezüglich hatte ich auch schon sehr lehrreiche Erfahrungen gemacht, u.a. folgende:

In der Stiftung Steinhölzli hatte ich eine Schülerin betreut, die bevormundet war. Ihre Familienangehörigen waren allesamt mehr oder weniger intellektuell behindert, der Bruder sogar mehrfach. Die Leute lebten von IV-Geldern und vom Sozialamt. Sie waren in der Gemeinde wohlbekannt, denn eine vernünftige Zusammenarbeit mit ihnen war fast unmöglich, dauernd verursachten sie Schwierigkeiten. Mir gelang es, das Vertrauen der Familie zu gewinnen. Eigentlich fand ich es einfach, mit ihnen konstruktiv zusammenzuarbeiten. Sie wollten einfach ernst genommen und verstanden werden, dann waren sie sehr kooperativ. Für mich sind alle Leute Kinder Gottes, ob behindert oder nicht, womit ich ihnen den Respekt entgegenbrachte, den ich auch anderen Personen gegenüber pflege. Schon während längerer Zeit lief ein gerichtliches Verfahren, denn die Eltern wehrten sich gegen eine Vormundschaft ihrer Tochter. Die vorherige Vormündin hatte in Anbetracht diverser Schwierigkeiten das Handtuch geworfen und die Tochter sollte nun von einem Amtsvormund übernommen werden, was sie vehement bekämpften. Da ich die Bezugsperson der jungen Frau war, musste ich vor Gericht erscheinen und meine Einschätzung über das Urteilsvermögen meines Schützlings abgeben. Für mich bestanden keine Zweifel: ohne Betreuung ging es nicht. Die Familie hatte keine Chance, mit ihrem Begehren durchzukommen, hätte aber möglicherweise die ganze Sache weitergezogen. So anerbot ich mich, die Vormundschaft zu übernehmen, falls sie dies wünschten. Dieses Angebot wurde mit grosser Freude entgegen genommen, und seither betreue ich die junge Frau, mittlerweile auch ihren Bruder, bin aber auch Ansprechperson für die Eltern, wenn sie Probleme haben. Sie lernten mehr und mehr, dass ihnen nicht alle Menschen schlecht gesinnt sind. Nach diversen Vermittlungsaktionen begannen sie sogar, mit dem Sozialamt eine neue Zusammenarbeit zu finden.

Durch diese Familie lernte ich eine Menge über Menschen. Ich vergesse nie, wie die Mutter meines Mündels mit ihrer Tochter zu mir in die Praxis kam, damit wir ihr Rückenleiden und ihre nervliche Schwäche behandeln konnten. Als ich ihre Energien spürte, war ich völlig überrascht, wie hell sie waren. Das hatte ich absolut nicht erwartet. Diese Erfahrung machte mich in der Folge sehr vorsichtig. Wenn jemand sehr einfach erscheint, behindert oder vielleicht bereits mit dem Gesetz in Konflikt geraten ist, bedeutet dies noch lange nicht, dass diese Person innerlich irgendwie verdorben ist. Möglicherweise macht sie auf ihrer Seelenreise im Moment eine Erfahrung, welche für sie aus Gründen, die uns verschlossen bleiben, wichtig ist. Wir sollten daraus keine Schlüsse über Seelenreife etc. ziehen. Auf jeden Fall verfügen Mutter und Tochter über mehr Herzqualitäten als viele der „normalen" Mitmenschen, das konnte ich bald erkennen. Soweit zu meinem Namen „Savitri".

Was mich sehr überraschte, war folgendes: wenn Swamiji um einen Namen gebeten wird, nimmt Er sich in der Regel kurz Zeit. Dabei betrachtet Er wohl unsere Seele. Anschliessend nennt Er uns dann den Namen, der Ihm treffend erscheint. Bei mir verlief es jedoch anders: als würde ich schon lange zu Seiner Familie gehören, zeigte Er sich erstaunt, dass ich meinen Namen noch nicht wusste. Er musste auch nicht „nachschauen" oder überlegen, sondern konnte mir sofort den Namen nennen. Offensichtlich war meine Verbundenheit mit Swamiji, die sich bisher auf mein Inneres beschränkt hatte, für den Meister nicht anders als wenn ich mittels gesprochener Worte mit ihm in Kontakt war. Er schien mich gut zu kennen, obschon ich doch für mein Empfinden ein totaler Anfänger war, nichts wusste und mich nicht einmal getraute, mit Ihm zu sprechen. Das bestätigte mich in der Folge sehr darin, meinen Weg weiter zu verfolgen und den inneren Kontakt zu pflegen und zu nutzen. Eigentlich ruft uns Swamiji auch regelmässig dazu auf, dass wir Ihm nicht dauernd nachreisen müssen (Er reist sehr viel, weil Er an vielen Orten auf der Welt seine Schüler hat, die Er besucht), um Ihm nahe zu sein. Wir sollten Ihn in uns suchen, denn Er sei dort als innere Stimme zugegen, führe uns auf diese Art und Weise. Dennoch suchen wir halt immer noch das gesprochene Wort von Ihm, weil wir mit den inneren Welten noch nicht genügend vertraut sind, um sie als gleichwertig anerkennen zu können.

Trotz dieses abschliessenden Erfolgs weiss ich noch gut, wie ich am Schluss des Navaratris den Ashram fast fluchtartig verliess. All die vielen Eindrücke, die Einsamkeit und das Unverständnis von vielem hatten mir zugesetzt. Mir fehlte eine Person, die mich hätte in alles einführen und mir alles hätte erklären können. Die meisten Angels waren mit ihren eigenen Prozessen so sehr beschäftigt, dass sie nicht viel Zeit hatten, auf meine vielen Fragen und Ängste einzugehen. Die Inder waren mir suspekt und ich verstand sie nicht. Ich glaube, ich war noch nie so froh, in ein Flugzeug steigen und die vertraute deutsche Sprache hören zu können wie damals. Anschliessend brauchte ich lange Zeit, um alles zu verarbeiten. Mein Einstieg ins Ashramleben war eine ziemliche Schocktherapie gewesen.

Kapitel 8 - Aufbau von Wissen

Nach meinem Ashramaufenthalt hatte ich das Bedürfnis, mehr zu verstehen. Die anderen schienen sich in all den Ritualen und Göttern viel besser auszukennen. Ich jedoch hatte einfach keine Ahnung von allem. So versuchte ich, mein Wissen zu erweitern. Dabei merkte ich schnell einmal, dass die ganze Sache uferlos war. Schon nur mit den wichtigsten Gottheiten vertraut zu werden, fand ich furchtbar schwierig. Sie hatten so viele Aspekte und Bedeutungen, ich konnte das gar nicht alles verstehen. War dann einmal ein winziges Stück in meinem Gehirn angekommen, wusste ich, dass ich es mit ziemlich grosser Sicherheit schnell wieder vergessen würde, denn ich habe ein sehr schlechtes Gedächtnis für solche Fakten. Auch Namen konnte und kann ich mir nicht merken. Ich hätte so viel Zeit in das Studium der ganzen Materie investieren müssen, dass mir dies schlicht nicht möglich war. Inzwischen hatte sich meine Praxis nämlich vergrössert und forderte mich stark. So geriet ich in ein Dilemma. Doch schlussendlich musste ich einsehen, dass die Arbeit mit den Menschen wichtiger war als das Lernen von Fakten. Meine Aufgabe war primär die Therapie, hierfür wurde ich von Swamiji geschult. Also akzeptierte ich mein Unvermögen.

Mittlerweile verstehe ich schon einiges mehr. Unzählige Wiederholungen in meiner Erfahrung mit Swamiji und der Welt der Götter brachten mir einzelne Aspekte näher. Aber immer noch verstehe ich nur ein klitzekleines Zipfelchen von allem. In diesem Zusammenhang machte ich aber eine ganz andere Erfahrung:

Swamiji selbst lehrt, dass wir ganz viele Gurus (Guru ist ein spiritueller Lehrer) haben. Jedes Ding in unserer Erfahrungswelt kann unser Guru sein, uns nämlich Wahrheiten aufzeigen. Das ganze Leben, die ganze Natur, alles beruht auf Gesetzmässigkeiten, deren Studium uns schlussendlich erlaubt, die Schöpfung besser zu verstehen. Eigentlich geht es also darum, diese Gesetze zu erkennen. Wie man dies macht, ist egal.

Es gibt uralte Schriften, in welchen diese universellen Gesetze zu lesen sind. Ob man sie dann auch versteht, ist ein anderes Thema. Zu diesen Schriften gehören sicher die Veden. Sie sind nicht Teil einer Religion, sondern wahrscheinlich universell gültig. Weil sie eine wichtige Grundlage im Hinduismus sind, werden sie oft im Zusammenhang mit dieser Religion gesehen, was problematisch sein kann, denn damit wird ihnen der universelle Charakter aberkannt.

Ein Ausdruck dieses uralten Wissens sind u.a. die verschiedenen Götter. Wie die meisten Europäer tat ich mich am Anfang sehr schwer damit, doch plötzlich fand ich ein Verständnis für das Ganze:

Im Polarity gehen wir davon aus, dass unser ganzes Dasein ein Gewebe von verschiedenen Energien ist, von schnell pulsierenden Energien, aber auch von sehr langsam pulsierenden Energien. All dies ist eigentlich reine Physik. Die verschiedenen Energien weben verschiedene Formen von Stoffen. Je nach Energiequalität entstehen dichtere Formen (grobstoffliche Formen wie die Materie) oder weniger dichte (feinstoffliche Formen wie die emotionale Ebene und die Gedankenwelt). Im Polarity kennen wir die Grundenergien Erde, Wasser, Feuer, Luft und Äther. Jede ist für gewisse Funktionen in unserem Körper verantwortlich. Diese Grundenergien treten miteinander in Wechselwirkung, womit kombinierte Formen entstehen, von denen es unendlich viele Möglichkeiten gibt. Dadurch ergeben sich sehr viele verschiedene Ausdrucksformen von Leben.

Die Götter der Hindus sind jeweils auch ein Ausdruck bestimmter Qualitäten. Jede Gottheit hat ihr bestimmtes Wirkungsfeld. Wenn wir dort Ziele anstreben, müssen wir uns mit der entsprechenden Gottheit in Kontakt setzen und mit diesen Energien arbeiten. Für mich sind die Götter folglich Personifizierungen der Energien, die Geschichten rund um die Gottheiten erklären uns die Wirkungsweisen dieser Energien und machen uns damit Lebensgesetze bewusst. So wie wir Kindern Märchen erzählen, um sie mit Lebensweisheiten in Kontakt zu bringen und ihr ethisches Gewissen zu sensibilisieren, sind die Geschichten rund um die Götter meiner Meinung nach verpackte tiefe Weisheiten. Ob ich nun die Götter studiere oder die Energien und ihre Verflechtungen im Polarity spielt dann schlussendlich keine grosse Rolle mehr.

Warum ich zu diesem Schluss komme? Obschon ich völlig unbegabt darin bin, mir all die Götter und Geschichten zu merken, begann ich mehr und mehr, tiefere Zusammenhänge rund ums Leben zu erkennen. Es war, als zeige mir Swamiji auf innerem Weg all diese Geheimnisse. Die universellen Gesetze sind für mich wie Energiemuster. In welche Sprache sie übersetzt werden, ist nicht so wichtig. Ich kann das Muster in Götterbilder packen, aber auch in das Polarity-Konstrukt mit seinen Grundlagen, die u.a. aus dem Ayurveda entstammen, also auch einer uralten Tradition aus dem indischen Kontext. Ich muss einfach lernen, die Energiemuster, die Swamiji mir auf innerem Weg näher bringt, in meine Sprache zu übersetzen, dann verstehe ich den Inhalt Seiner Botschaften. So verfeinerte ich immer mehr mein Wissen und meine Wahrnehmung. Dass ich mit dieser Schulung offensichtlich nicht so daneben sein kann, zeigt mir folgende Tatsache: bei meinen Klienten finde ich mit meinen Instrumenten ziemlich treffsicher die Probleme und auch entsprechende Lösungen dafür. Da die Erfolgsquote sehr hoch ist, kann dies kein Zufall sein, also muss in der ganzen Sache viel Wahrheit stecken. Ich bin eine kritische Person und möchte verstehen können. Als Wissenschaftlerin will ich meine Annahmen bestätigt bekommen. Folglich überprüfe ich sie ständig, und zwar bei jeder einzelnen Therapiesitzung. Auch in meinem Leben müssen meine Grundannahmen funktionieren. Ich sollte also bis zu einem gewissen Mass Erfolg beim Erlangen meiner Ziele haben.

Ein weiteres Thema beanspruchte besonders am Anfang meine Aufmerksamkeit. Mir stellte sich ab und zu die Frage, was denn die Arbeit mit Swamiji vom Eintritt in eine Sekte unterscheidet. So absurd dieser Gedanke heute für mich ist, damals musste ich nur schon deshalb Antworten finden, weil andere Leute, die ich in mein „neues Leben" einweihte, entsprechende Fragen stellten. Zudem liess mir mein innerer Kritiker diesbezüglich keine Ruhe und musste ausser Gefecht gesetzt werden. Mir wurde dann bald klar, dass hier grosse

Unterschiede bestehen (Band 2 wird darauf noch detaillierter eingehen):

Bei Swamiji wird man nie zu etwas genötigt. Er lässt uns die volle Freiheit und Wahl. Zudem fordert Er uns auf, Sein Wirken sehr genau zu studieren, bevor wir uns entscheiden, Ihm zu folgen. Wenn wir uns aber dazu entschliessen, müssen wir Ihm vertrauen und uns auch führen lassen. Es gilt zu verstehen, dass Swamiji den völligen Überblick über unsere Seelenebene hat. Dadurch kann Er einen Weg finden, wie wir die Knoten und Missverständnisse, die unsere Leiden verursachen, lösen können. Dummerweise entspricht dieser Weg häufig nicht unserer menschlichen Logik, weshalb wir uns schwer tun, den Sinn einzelner Schritte zu erkennen und damit zu zweifeln beginnen.

Wir müssen uns aber einfach eingestehen, dass wir vieles noch nicht wissen. Wenn wir die heutige Physik betrachten, können wir dies gut nachvollziehen. Die Wissenschaftler haben aufgrund ihrer Forschungsergebnisse immer und immer wieder Zusammenhänge entdeckt und somit Lebensgrundsätze formuliert. Trotz allen Fortschritts sind die heutigen Physiker plötzlich an einen Punkt gelangt, wo sie zugeben müssen, dass sie Phänomene bei ihren Experimenten beobachten, welche bisher akzeptierte Thesen in Frage stellen. Es wird quasi sichtbar, dass hier etwas passiert, das unser Weltbild auf den Kopf stellt und das für unser Denken unverständlich ist.

Swamiji ist in feinstofflichen Ebenen bewusst, die uns ein Rätsel sind. Er kennt Zusammenhänge, die unsere Möglichkeiten des Verstehens überschreiten. Somit kann es gut sein, dass wir Swamiji manchmal in einer Form erleben, die stark verunsichert, weil wir sie nicht einordnen können. Irgendwie ist Er Mensch, irgendwie aber viel mehr. Ja, was ist Er denn genau? Wir werden uns mit dem Eingeständnis begnügen müssen, dass wir dies wohl nie ganz begreifen können.

Wenn wir uns schlussendlich entscheiden, Ihm zu folgen, eröffnet sich uns eine Welt voller Möglichkeiten. Dabei müssen wir uns nicht in ein starres Schema zwängen, vielmehr stellt uns Swamiji viele Mittel zur Verfügung, mit denen wir arbeiten können. Er schenkt uns Seine Musik zum Hören, Seine Lieder (Bhajan genannt) zum Singen, gibt uns Mantras, lehrt uns Rituale, organisiert Kurse, in denen wir Schriften wie die Bhagavad Gita studieren können, ist im Internet höchst aktiv und vieles mehr. Jeder kann selbst entscheiden, was ihm behagt, Hauptsache, man übt die entsprechenden Tätigkeiten gewissenhaft aus.

Nach Geld würde Swamiji nie fragen. Er fordert uns aber dazu auf, dieses auch zum Wohle der Weltengemeinschaft einzusetzen, folglich den Egoisten in uns zu bekämpfen und unsere Gier einzudämmen. Wenn wir spenden, gewinnen wir schlussendlich selbst, nämlich bezüglich Abbau unseres Egos. Bei Ihm ist jede Rupie gut aufgehoben, sie hilft Leid zu lindern und neue Lernfelder für Seine Devotees auf- und auszubauen.

Wer „spirituelle Weltflucht" begehen will, ist bei Swamiji fehl am Platz. Ihm ist es sehr wichtig, dass wir unsere Aufgaben in der Welt wahrnehmen. Wir alle haben Funktionen in der Familie, der Gesellschaft oder anderen Gemeinschaften. Diese sollen wir mit Hingabe erfüllen. Wo wir helfen können, sind wir aufgerufen, es zu tun.

Was bedeutete dies alles für mich? Mir war klar, dass meine Praxis das Zentrum meines Lebens darstellte. Hier wirkte ich, hier lernte ich, hier konnte ich der Welt dienen (zumindest in meinem kleinen bescheidenen Rahmen). Zudem musste ich Wege finden, mich spirituell zu betätigen. Regelmässig machte ich meine Meditationen. Lange Zeit übte ich Bhajans und hörte immer wieder Musik von Swamiji. Zudem pflegte ich den inneren Kontakt intensiv, glich mein Leben immer wieder mit meiner inneren Stimme ab. Zeitweise geriet ich in einen grossen Stress, weil Swamiji so viele Arbeitswerkzeuge anbietet und uns ans Herz legt, sie alle zu nutzen. Mir fehlte aber die Zeit, überall mitzumachen. Das gab mir dann ungute Gefühle. Ich wollte doch alles richtig machen und eine gute Devotee sein. Schlussendlich musste ich lernen, gemäss meiner inneren Stimme einen Weg zu gehen, der für mich stimmte, bei dem ich einbaute, was in meinen zeitlichen Möglichkeiten lag. Heute weiss ich, dass dies so richtig ist. Swamiji kann manchmal sehr heftig werden, wenn Er erkennen muss, dass zu wenig ernsthaft gearbeitet wird. Ich darf aber nicht immer alles persönlich nehmen. Seine Reden richten sich an sehr viele Menschen. Ich muss dann jeweils abwägen, ob ich hier auch gemeint bin und Korrekturen anbringen muss oder ob mein Weg in seiner gegenwärtigen Form stimmig ist. Später, als ich mich getraute, Ihn anzusprechen, sicherte ich mich jeweils persönlich ab, ob ich alles soweit richtig mache, was eigentlich immer der Fall war.

Man muss sich bewusst sein, dass Swamiji für Seine Schüler hohe Ziele anstrebt. Wir sollen mit unserer Seelenebene in Einklang kommen und all die krankmachenden inneren Blockaden und Missverständnisse ablegen. Dabei kommen wir nicht darum herum, unser Ego abzubauen. Dieser Prozess ist manchmal ziemlich schmerzhaft und führte mich zeitweise arg an meine Grenzen. Doch auch hier lernte ich: es wurde nie mehr von mir verlangt, als ich zu leisten fähig war. Wer aber nicht gewillt ist, sich ernsthaft mit sich auseinanderzusetzen und auch mal schmerzhafte Prozesse durchzumachen, ist bei Swamiji eher fehl am Platz. Er vermittelt keine „Light-Spiritualität", ebenso wenig gibt es Erlösung auf die Schnelle. Er steht uns bei allem bei, leben müssen wir jedoch unser Leben selbst, davor wird Er uns nicht bewahren.

Von all dem wusste ich am Anfang noch nichts. Ich spürte einfach, dass meine innere Suche bei Swamiji ein Ende hatte und ich angekommen war. Ich hatte kein Bedürfnis, weitere Gurus kennen zu lernen, für mich war der Fall klar.

So lernte ich, so gut es ging, und erarbeitete mir in etlichen Prozessen fortwährend neue Erkenntnisse. Teilweise war dies mit vielen Zweifeln und Ängsten verbunden. Aber schlussendlich fand ich immer wieder Lösungen und erfuhr über die Jahre, dass ich Swamiji eigentlich voll und ganz vertrauen könnte. Wie gesagt: „könnte"! Offensichtlich stirbt der innere Zweifler in uns Menschen nicht so schnell. In mir jedenfalls feiert er leider noch regelmässig seine Auferstehung. Aber Übung soll ja bekanntlich den Meister machen, also übe ich weiter.

Kapitel 9 - Wieder im Ashram

2003 war es wieder so weit: ich wollte ein weiteres Mal in den Ashram reisen. Diesmal wusste ich von Anfang an, dass ich weder auf der Reise, noch im Ashram alleine sein würde. Damit fühlte ich mich angesichts meines Vorhabens sehr viel entspannter als beim ersten Mal.

Wiederum wurde ich in der Angels Hall untergebracht, die mittlerweile an einem anderen Ort eingerichtet worden war. Seit meinem letzten Ashram-Besuch waren vier Jahre vergangen, so dass ich mich wieder ziemlich neu orientieren musste. Diesmal fand ich jedoch gleich Anschluss bei anderen Angels, teilweise aus der Schweiz, teilweise aus Deutschland. Zudem lebte ich mich schnell ein und konnte einen guten Rhythmus für mich finden. Ich hatte auch genügend Rupies bei mir, so dass ich es mir leisten konnte, täglich eine Seva zu buchen und bei Swamiji vorbeizugehen. Mir war es wichtig, dass er regelmässig ein Auge auf mich warf, damit mein Prozess mit Sicherheit optimal verlief. Ob dazu eine Seva nötig war, kann ich nicht beurteilen. Für mich war der Empfang des Prasadams aber immer der Höhepunkt des Tages, den ich nicht hätte missen wollen.

Während dieses zweiten Ashramaufenthaltes fühlte ich mich völlig anders als beim ersten Mal. Ich fand mich viel mehr in die Energien ein und fühlte mich von Tag zu Tag wohler. Meine Beziehung zu Swamiji war um einiges entspannter. Ängste traten keine mehr auf.

Neu entdeckte ich, dass jeden Abend in der Prayer-Hall (einer der verschiedenen Tempel) *Bhajans** gesungen wurden. Gerne setzte ich mich dazu und lauschte den begnadeten Stimmen und den wunderbaren Klängen. Regelmässig erschien Swamiji für kurze Zeit, was mich eigenartig tief berührte. Bald begann ich einen Frieden in mir zu spüren, der neu für mich war. Allmählich erreichte er eine grosse Tiefe und erzeugte eine umfassende Seligkeit, in der ich einfach stundenlang hätte verweilen können. So vermochte ich mir immer weniger vorzustellen, diesen Ort jemals zu verlassen. Die Idee, in einigen Tagen nach Hause reisen zu müssen, erzeugte in mir pure Verzweiflung. Ich sass dann dort, weinte vor mich hin und war untröstlich.

Doch der Tag des Abschieds nahte unerbittlich und ich musste mich meinem Schicksal fügen. Als ich schliesslich meinen Koffer packte und ins Taxi stieg, war es rabenschwarz in mir. Ich sah einfach nicht, wie ich zu Hause leben konnte. Entsprechend hart war meine Ankunft in Bern. Ich fühlte mich völlig leer und litt während drei Wochen unter heftigen Depressionen. Als die innere Dunkelheit einmal besonders schlimm war, konnte ich plötzlich verstehen, warum sich Menschen an einem gewissen Punkt des inneren Leidens von einer Brücke in die Tiefe stürzen. Qualvoll schleppte ich mich durch den Alltag und vermochte nur allmählich wieder Fuss zu fassen.

Was genau mit mir geschehen war, weiss ich nicht. Aber ich bin überzeugt, dass bei diesem zweiten Ashram-Aufenthalt die Beziehung mit Swamiji in eine Form überging, die sehr tief ist. Er war mir wie ein Vater, den ich von tiefstem Herzen liebte und den zu verlassen mich schrecklich anmutete. Da auch Seine weiblichen Qualitäten sehr ausgeprägt sind, war Er mir gleichzeitig eine Mutter, die mich in einer bisher unbekannten tiefen Ebene berührte. An dieser Stelle möchte ich aber klarstellen, dass meine Eltern immer für mich da waren, und das wusste ich auch. Sie hätten jederzeit alles für das Wohl ihrer Kinder gemacht. Das spürte ich schon als kleines Mädchen ganz tief in mir. Heute weiss ich, dass dies nicht selbstverständlich ist und zolle ihnen grossen Respekt. Doch obschon meine Eltern mir stets liebevoll zur Seite standen: Hier wurde eine Ebene angesprochen die für mich neu war. So etwas hatte ich noch nie erlebt.

Ich denke, es handelt sich um eine Ebene, die über das Menschliche hinausgeht und von „normalen Eltern" gar nicht abgedeckt werden kann. Da werden seelische Bereiche berührt, die uns noch grösstenteils verschlossen sind. Ein Kontakt mit ihnen dürfte in den meisten Fällen sehr aufwühlend sein. Auf jeden Fall musste ich nun eine Form für mich finden, in meinem Leben zurechtzukommen. Ich konnte ja nicht ständig an Swamijis „Rockzipfel" hängen. Vielmehr musste ich lernen, auf eigenen Beinen zu stehen. Dass mein Meister mir dabei helfen würde, war klar, aber der Weg war für mich zu diesem Zeitpunkt sehr hart.

Was mir damals auch noch zu wenig bewusst war, ist folgendes: ich hatte die Erfahrung eines völlig neuen Zustandes gemacht. Dieser war so beglückend gewesen, dass ich im Grunde genommen nichts anderes mehr wollte, als in dieser Seligkeit verweilen, und zwar nicht nur im Ashram beim Bhajan-Singen, sondern immer und überall. Folglich musste jegliche Unruhe aus mir verschwinden, welche dieses göttliche Sein störte, auch zu Hause in Bern. Doch wie sollte ich dies erreichen?

Wie bereits erwähnt, ging mit diesem Glückszustand die tiefe Verbindung mit Swamiji einher, dieses Gefühl, mit Ihm völlig eins zu sein, getragen in Seiner unendlichen Liebe. Nun hatte ich aber im Verlaufe des Lebens Beziehungen zu verschiedenen Familienmitgliedern aufgebaut, die mehr oder weniger tief gingen und mir ein gewisses Mass an Halt gaben. Diese Beziehungen waren für meine Entwicklung von grosser Bedeutung gewesen. Beispielsweise fühlte ich mich – wie eben beschrieben – immer und jederzeit von meinen Eltern unterstützt und wusste, sie würden zu mir stehen, wenn ich sie brauchte. Das gab mir Mut, mich innerhalb meiner Möglichkeiten dem Leben zu öffnen und somit einiges aufzubauen. Auf meiner Beziehungsebene waren folglich viele Räume bereits „besetzt", womit Swamiji dort „überflüssig", wenn nicht gar „störend" war (ich mochte mir mein inneres Gleichgewicht ja nicht unbedingt durcheinanderbringen lassen). Wollte ich in mir aber eine Einheit mit diesem Meister erleben – und zwar in jedem Augenblick, weil sie offensichtlich so viel Frieden mit sich brachte – musste ich frei werden. Was das konkret bedeuten konnte, erlebte ich in den Monaten nach dem Navaratri.

Doch während der ersten Zeit zu Hause hatte ich vorerst genügend damit zu tun, mit der Depression einen gangbaren Weg zu finden. Erst einige Zeit später begannen dann Ablösungsprozesse. Auch diese liessen mich Tiefen erfahren, die für mich neu waren, und zwar sehr schmerzhafte. Ich hatte bisher nicht gewusst, dass eine Beziehungskrise einen so heftig schütteln kann, dass ein wundes Gefühl bis in innerste seelische Bereiche entsteht. Zudem öffneten sich zeitweise schwarze Abgründe, weil ich mich plötzlich entwurzelt fühlte. Schliesslich fehlte mir ganz unvermittelt eine vertraute Stütze. Kurz:

es schüttelte mich während einiger Wochen – oder waren es gar Monate? – gründlich durch.

Bei diesem ganzen Prozess ging es nicht darum, meine Verbindungen zur Familie zu zerstören. Swamiji selbst legt grossen Wert darauf, dass wir familiäre Pflichten ernst nehmen und unsere Angehörigen mit Liebe und Respekt behandeln. Vielmehr musste ich mich von Abhängigkeiten befreien. Diese zu erkennen ist gar nicht so einfach, denn sie durchweben die gesamte Beziehungsebene, und zwar aus folgendem Grund:

Weil wir uns in vielen Bereichen schwach und bedürftig fühlen, möchten wir dort gestützt werden. Finden wir die entsprechenden Qualitäten in einer bestimmten Person, binden wir uns gerne an sie und erwarten in der Folge, von ihrer Stärke profitieren zu dürfen. Im Gegenzug sind wir bereit, etwas von uns zu geben. Es entsteht also ein Geben und Nehmen. Im besten Fall wird es von den Beteiligten als ausgewogen empfunden und beide sind zufrieden. Dennoch haben wir einen Teil unserer Autonomie aufgegeben. Das ist uns jedoch nicht unbedingt bewusst oder es stört uns nicht. Da wir alle einmal Kinder waren, bei denen der Zustand der Bedürftigkeit und damit der Abhängigkeit normal ist, sind wir uns häufig zu wenig im Klaren, dass sich dies beim Erwachsenwerden verändern sollte. Spätestens dann wären wir nämlich aufgerufen, uns auf unsere eigene Stärke zu besinnen und zu lernen, auf eigenen Füssen zu stehen. Wir bleiben jedoch häufig ewige Kinder. Weshalb? Weil wir Angst haben, wir könnten scheitern, wenn wir die delegierten Bereiche in die eigenen Hände nehmen. Wir trauen es uns schlicht nicht zu, mit den uns gegebenen Mitteln ein vernünftiges Resultat zu erreichen.

Wollen wir aus irgendwelchen Gründen die Nutzung der inneren Räume (die ja bereits gut besetzt sind) neu gestalten, müssen wir wohl oder übel die „alten Mieter" in einem ersten Schritt ausquartieren. Folglich sind wir genötigt, unsere freiwillig eingegangenen Unterwerfungen aufzugeben, selbst wenn die „Zusammenarbeit" mit der anderen Person bzw. den anderen Personen eine lange Tradition hat (je nach dem bereits über viele Leben) und recht harmonisch verlief. Dieser Schritt kann sehr einschneidend und schmerzhaft sein. Damit er überhaupt möglich ist, bleibt uns zudem nichts anderes übrig, als die delegierten Aktivitäten selbst zu übernehmen. Dafür braucht es meistens ein bisschen Mut, denn hier fühlen wir uns ja schwach und bedürftig. Dieser ganze Akt der „Abnabelung" macht aber schlussendlich frei, Beziehungen nicht mehr nach dem Prinzip „gib du mir, dann geb ich dir" einzugehen, sondern nach ganz neuen Kriterien. Möglicherweise ist es dann an der Zeit, einen Meister wie Swamiji an sich heranzulassen und dadurch bisher unbekannte Seins-Ebenen zu erfahren.

Ich war nun also an einem Punkt, an dem ich lernen musste, meine Abhängigkeiten zu entlarven und mich davon zu befreien. Das bedeutete, teilweise über viele Leben aufgebaute Banden zu durchtrennen, was bitterweh tat. Anschliessend war ich aufgefordert, eine neue Form der Beziehung für mich zu finden, was einiges an innerer Arbeit und auch recht viel Zeit benötigte. Teilweise waren die Prozesse sehr verwirrend, doch durch die geduldige Führung von Swamiji fand ich immer wieder einen gangbaren Weg, der mich Schritt für Schritt durch meine inneren Wirren führte. Vor allem lernte ich sehr viel über menschliche Bindungen, was mir auch in meiner Praxistätigkeit zugutekam. Schliesslich spielt dort die Beziehungsebene eine zentrale Rolle. So berauschend die Erfahrung im Ashram gewesen war – die Nacharbeit verlangte mir einiges ab.

Kapitel 10 - Ausdehnung in allen Bereichen

Noch bevor ich zum zweiten Mal im Ashram war, fühlte ich mich in meiner Wohnung plötzlich nicht mehr wohl. Ich hatte im gleichen Haus eine grössere bezogen, so dass ich zu meinem kleinen Therapieraum im Keller noch einen in der Wohnung hatte, den ich für die Arbeit mit Kindern und für Gespräche nutzen konnte. Aber irgendetwas stimmte nicht mehr. Ich hatte mich auch mit dem Vermieter überworfen, was mich belastete. Allmählich merkte ich, dass sich meine Energien immer mehr von dieser Wohnung entfernten. Da wurde mir klar, dass ich offensichtlich etwas verändern musste. Als ich mich diesbezüglich ernsthaft nach innen richtete, kam klar die Botschaft: ja, suchen, aber erst in drei Monaten.

Da ich immer alles sofort erledigen will und oft viel zu ungeduldig bin, kostete es mich einige Überwindung, nicht dauernd das Wohnungsangebot zu studieren. Zudem war mir bewusst, dass ich nicht irgendwohin zügeln konnte, sondern für meine Klienten nach wie vor gut erreichbar sein musste. Etwas in der Nähe wäre natürlich ideal gewesen.

Ich hielt mich strikt an meine innere Stimme und begann genau an diesem Tag die Zeitung zu studieren, an dem ich grünes Licht erhielt. Noch in derselben Woche sah ich in unserem Lokalblatt ein Inserat, das mich magisch anzog. Ein kleines Reihenhaus ganz in der Nähe war zum Verkauf ausgeschrieben. Die Idee, etwas zu kaufen, war zwar neu, aber in diesem Moment schien sie mir gar nicht so abwegig. Also meldete ich mich und liess mir einen Besichtigungstermin geben. Bereits am folgenden Tag stand ich mit dem Makler im Haus und schaute es mir an. Alles war heruntergekommen, aber die Substanz sehr gut. Bald erkannte ich, dass es absolut ideal war, im Erdgeschoss eine Praxis einzurichten und im oberen Stockwerk zu wohnen. Ich wollte aber nicht voreilig sein und liess einen Patienten von mir kommen, der Immobilienfachmann war und das Ganze beurteilen sollte. Nachdem er sich sehr positiv äusserte und mir auch aufzeigte, was ein Kauf mit sich bringen würde, war für mich der Fall klar. Ich brauchte kein anderes Haus, keine andere Wohnung mehr zu besichtigen, dieses Heim war genau das Richtige für mich. Indem ich auf meine innere Stimme gehört hatte, war etwas auf einfachste Art und Weise in mein Leben gekommen, das zu mir zu gehören schien. Mittlerweile bin ich sehr glücklich in diesem Haus, vor allem der Garten und die Terrasse sind ein Juwel und bereiten mir grosse Freude.

Nach wie vor wuchs meine Praxis und es kam der Tag, an dem ich gar eine Warteliste von neuen Interessenten machen musste, weil ich schlicht völlig ausgebucht war. Die Mund zu Mund Propaganda lief bestens. Werbung machte ich schon lange keine mehr. Zu jeder Zeit war mir sehr bewusst, wem ich meinen Erfolg zu verdanken hatte.

Zu Beginn meiner Tätigkeit als Polarity-Therapeutin trennte ich sehr klar mein Privates, in dem Swamiji zentral war, und das Berufliche. Erst, als ich einmal einen jungen Mann bei mir in der Praxis hatte, der sein Leben trotz unserer Therapie einfach nicht unter die Füsse bekam, hatte ich den Impuls, meine innere Welt mit ihm zu teilen. Ich nahm ihn mit zu meinem Altar und sagte ihm, ich müsse nun Hilfe haben, damit ich neue Ideen für unsere Zusammenarbeit bekäme. Wir setzten uns gemeinsam vor das Bild von Swamiji und liessen die Energien auf uns wirken. Der Mann war so berührt von dem, was er spürte, dass er sich sehr für meinen Meister zu interessieren begann. Er erstellte sich zu Hause ebenfalls einen Altar und fing an, mit Swamiji-Energie zu arbeiten. Anschliessend waren meine Grenzen nicht mehr so streng. Immer, wenn ich den Impuls hatte, jemandem von Swamiji zu erzählen, tat ich dies auch, jedoch stets sehr vorsichtig. Ich wollte nicht in den Verdacht kommen, in einer Sekte zu sein. So entstand langsam eine kleine Gruppe von Personen rund um mich, welche Swamiji mehr oder weniger zum Zentrum ihres Lebens machte. Inzwischen stand auch ein Bild von meinem Guru im Praxisraum. Oft wurde es gar nicht beachtet, aber es gab Leute, die sofort auf dieses Foto aufmerksam wurden und wissen wollten, wer dieser Mann ist. Hier war meistens eine grössere Anziehung von Swamiji für die Person spürbar.

Ich kann mich gar nicht mehr so genau erinnern, wie alles verlief. Ich weiss nur, dass die Swamiji-Gruppe immer grösser wurde und auch immer mehr Menschen Teil davon waren, die sich auf einer sehr ernsthaften Suche befanden und intensiv zu praktizieren begannen. So kam mir denn auch eines Tages die Idee, dass wir eigentlich einen Satsang auf die Beine stellen könnten. Dabei treffen sich die Interessierten und praktizieren unter der Obhut eines Meisters, der aber nicht persönlich anwesend sein muss. In unserem Fall würde es heissen, vor allem Swamijis Bhajans zu singen, zu meditieren und vielleicht Reden von Ihm vorzulesen. In Zürich existierte ein solcher Satsang bereits seit vielen Jahren.

Als Swamiji im Sommer 2004 in die Schweiz reiste (dies ist regelmässig der Fall) und wir mit Ihm im Gwatt Zentrum einige wundervolle Tage verbrachten, fasste ich mir ein Herz, Ihn zu fragen, ob ich so einen Satsang organisieren solle. Zu meiner grossen Freude bejahte Er. Da ich nichts falsch machen wollte, nahm ich das Angebot einer erfahrenen Devotee sehr gerne an, uns zu begleiten. Unser Satsang war somit geboren.

Heute ist er ein Ort, wo wir sehr ernsthaft arbeiten und wundervolle Erfahrungen machen. Die Präsenz von Swamiji ist jeweils sehr stark spürbar. Die Gruppe wurde über die Jahre immer grösser, so dass wir mehrmals den Raum wechseln mussten.

Bei dieser Gelegenheit lernte ich allerdings noch etwas ganz anderes. Am Anfang, als wir den Satsang aus der Taufe hoben, freute ich mich immer sehr auf diesen Tag und das gemeinsame Praktizieren. Ich war stolz, dass wir so etwas zustande gebracht hatten. Doch mit der Zeit wurde aus der reinen Freude ein Gefühl, eine Verantwortung tragen zu müssen, die mir langsam schwer wurde. Zudem schien es, als bereite mich Swamiji immer schon einige Tage vorher auf den Event vor, womit ich meistens emotional grosse Turbulenzen erlebte. Statt Freude fühlte ich mehr und mehr eine Last auf mir, denn die Teilnehmer verliessen sich bei Inhalt und Ablauf des Satsangs voll und ganz auf meine Führung. So ist mir heute sehr bewusst, dass mit jedem Fortschreiten meiner Entwicklung auch neue Aufgaben verbunden sind. Diese fühlen sich am Anfang häufig ganz toll an, weil damit ein Erfolg meiner inneren Arbeit greifbar wird. Inzwischen reagiere ich aber sehr viel gelassener auf solche Momente. Mir ist mittlerweile sehr klar, dass dies Verantwortung mit sich bringt, die auch belasten kann. Ich erkenne immer mehr, dass das Leben nicht dazu da ist, einfach ein bisschen Fun zu haben. Offensichtlich habe ich mir einiges für diese Zeit auf Erden vorgenommen, das schlussendlich harte Arbeit bedeutet. Nachdem ich zudem erkannt habe, wie aufopfernd Swamiji für das Wohl seiner Devotees arbeitet, getraue ich mich nicht zu jammern. Vielmehr versuche ich, meinen inneren Rebellen, der das Leben lieber ein bisschen verjubeln möchte, so gut wie möglich zu kontrollieren.

Kapitel 11 - Weitere Annäherung an Swamiji

Wie bereits erwähnt kam Swamiji regelmässig nach Europa, so auch in die Schweiz und nach Deutschland. In der Regel gibt es dann Kurse zu verschiedenen Themen und am Schluss ein öffentliches Konzert, sowie eine Puja und ein Homa. Natürlich war ich immer dabei, denn ich wollte ja keine Gelegenheit missen, meinen Swamiji zu sehen. Hier bekam ich immer wieder neue Impulse, die mir dienten, meine Entwicklung voranzutreiben. Zudem konnte ich Dinge lernen, die neu für mich waren. So erhielt ich Einführungen in die *Veden**, in die *Bhagavad Gita** und die *Guru Gita**. Dabei eignete ich mir die Grundbegriffe des Kriya Yoga an.

Als Swamiji 2004 in Gwatt war, bot sich mir die Gelegenheit, die Durchführung einer Puja zu erlernen. Anstatt allerdings die verschiedenen Rituale zu praktizieren, mussten wir stundenlang die entsprechenden Texte üben. Wir sassen also da und bemühten uns, die Sanskrit-Worte korrekt auszusprechen und zu *chanten**. Das war teilweise eine ganz schön anstrengende Zungenakrobatik und forderte viel Konzentration. Zum Glück hatte ich schon fleissig Bhajans gesungen, so fiel mir alles etwas leichter. Am Schluss bekamen wir noch eine Blitz-Einführung in die Handlungen, die zu den einzelnen Textstellen gehörten. Zudem wurde uns versprochen, dass der Text auf Band aufgenommen und uns allen zugestellt würde.

Kaum hatte ich zu Hause dieses Band erhalten, begann ich zu üben. Damals konnte ich mir noch Zeit für solche Aktivitäten nehmen. Täglich setzte ich mich mit meinem Rekorder hin und versuchte, meinen Mund die Worte formen zu lassen, die ich schriftlich vor mir hatte und gleichzeitig ab Band hörte. Es dauerte eine Ewigkeit, bis ich die ganze Puja ab Blatt mitchanten konnte, aber ich liess nicht locker. Inzwischen war mir auch klar geworden: wenn ich tatsächlich eine Puja durchführen wollte, musste ich alles auswendig können. So machte ich mich also an die Arbeit.

Ich staune noch heute, wie ich es zustande brachte, diesen langen Text zu memorieren. Ein ganzes Jahr brauchte ich, bis ich eine ansehnliche Puja zu zelebrieren vermochte. Damit wurde unser Satsang, der regelmässig stattfand, in seinem Inhalt verändert. Zentral war nun die Puja. Die Kraft, die aus diesem Ritual hervorgeht, möchten wir alle nicht mehr missen. Hier wirken Energien, die für uns oft unbeschreiblich sind.

Bei all diesen Aufenthalten von Swamiji in unserer Mitte gibt es immer unglaublich viele anfallende Arbeiten. Am Anfang realisierte ich dies noch nicht wirklich, da hatte ich genug mit mir selbst zu tun. Erst, als ich dann einmal angefragt wurde, ob ich bereit sei, in der Organisation mitzuwirken, erkannte ich die Dimensionen eines solchen Events. Schon nur das Finden eines geeigneten Ortes war sehr zeitaufwändig. Zusätzlich mussten Programme in Absprache mit den Indern erstellt, Einladungen verschickt und einzelne Arbeitsbereiche mit Helfern versehen werden. In mehreren Sitzungen waren dann Feinplanung und Koordination angesagt.

Zentral war natürlich der Aspekt, für Swamiji eine angemessene Bleibe einzurichten. Die dafür vorgesehenen Räume mussten aufs sorgfältigste gereinigt und mit teilweise extra für Ihn erworbenen Möbeln versehen werden. Weitere indische Begleiter wollten untergebracht und betreut sein: die Musiker, die im Konzert mitwirkten; Personen, welche die Kurse leiteten und Frauen, welche für den Meister kochten. Auch Wäsche gab es von den Gästen jede Menge, natürlich inklusive Bügelarbeiten. Damit das für Swamijis Wohl spezielle Essen gekocht werden konnte, brauchte es eine Küche. Für das Konzert musste ein geeigneter Ort gefunden und Werbung gemacht werden. Zudem war die ganze Unterbringung der Devotees zu organisieren, ebenso musste jemand die Finanzen verwalten. Unser Bücherladen, bei dem Bücher, Musik und vieles andere mehr erworben werden kann, sollte sich vor Ort präsentieren, womit ein weiteres Ressort zu erwähnen ist: der Transport von all den Materialien, aber auch von Personen. Schliesslich mussten u.a. die Inder vom Flughafen geholt und nach Wunsch auch während ihres Aufenthaltes in der Schweiz zu bestimmten Orten gefahren werden. Ein wichtiger Posten waren auch die Blumen, denn diese sind bei allen Ritualen und Verehrungen immer ein wichtiger Bestandteil. Das war dann auch der Ort, wo ich mich anschliessen konnte. Es bereitete mir viel Freude, aus Rosenköpfen und anderen Blumen Girlanden herzustellen, die bei verschiedenen Gelegenheiten Swamiji übergeben wurden. Wie wunderbar war das Gefühl, wenn er sich die Farbenpracht, die in meinen eigenen Händen entstanden war, schlussendlich um den Hals hängte. Es erfüllte mich jeweils mit tiefem Glück.

Nachdem ich anfänglich lediglich mithalf, kam der Zeitpunkt, an dem ich die ganze Organisation des Blumenpostens übernehmen sollte. Inzwischen waren wir im Raum Bern eine ansehnliche Anzahl von ernsthaft praktizierenden Devotees geworden. So liess sich unter uns eine Gruppe zusammenstellen, mit der es eine grosse Freude war, Swamiji in dieser Form zu dienen. Überhaupt merkte ich, dass es viel bereichernder war, eine helfende Funktion auszuführen, als einfach nur als Kursteilnehmerin zu konsumieren. Irgendwie hatte ich das Gefühl, der Segen von Swamiji ruhe doppelt auf mir. Ich war nicht die Einzige, der es so ging.

Die Events mit unserem Meister in Europa waren für mich gar nicht immer einfach zu meistern. Mir schien, dass es rund um mich von Devotees wimmelte, welche ein Vielfaches von dem leisteten als ich in der Lage war. Ich stiess schnell einmal an meine Grenzen und spürte, dass ich dann meine Ruhe brauchte und mich zurückziehen musste. Eigentlich hatte ich immer geplant, neben der Arbeit mit den Blumen auch am Kursgeschehen teilzunehmen. Doch regelmässig merkte ich, dass mir das alles zu viel war. Ich hatte vor allem das Bedürfnis, der täglichen Puja beizuwohnen. Ansonsten suchte ich die Einsamkeit. Das konnte ich schwer verstehen: endlich war Swamiji da, täglich ganz in meiner Nähe, und was machte ich? Ich hockte bei den Blumen oder ging spazieren und möglicherweise noch Kaffee trinken. Statt am Abendprogramm teilzunehmen, ging ich ins Bett. Es gelang mir nicht, meinen eingefahrenen Rhythmus, früh ins Bett zu gehen und auch früh aufzustehen, zu durchbrechen. Wenn ich mich am Abend nicht zeitig zurückziehen konnte, bekam ich eine Menge inneren Stress, so dass ich dann nicht mehr schlafen konnte. Ich litt neben meiner Essstörung und den vielen Migränen mittlerweile auch noch an Ängsten und war vielen Zwängen unterworfen, die mich wie ein Korsett umschnürten. Es war mir schrecklich, dass ich so neben der ganzen Gemeinschaft und dem Programm von Swamiji nebenher lebte, nicht fähig, mich mehr zu beteiligen. Solche Dinge sind manchmal schwer zu verstehen. Das ist mit ein Grund, dass ich Band 2 schrieb. Die Ausführungen über Traumen in Kapitel 7 werden einiges erklären.

Einmal durften alle Helferinnen und Helfer sich an einem Abend nach dem Programm mit Swamiji im kleineren Kreis treffen. Wie sollte ich das anstellen? Es war für mich schon längst Schlafenszeit. Schweren Herzens entschloss ich mich, dem Event fernzubleiben. Später erfuhr ich, dass alle Helfer bei Swamiji vorbeigehen konnten und aus Seinen Händen Prasadam erhielten. Meine liebe Blumengruppe ging dann extra noch einmal zu Swamiji und informierte ihn, dass ich fehlte. Da drückte Er ihnen ein Prasadam für mich in die Hände. Am nächsten Morgen wurde es mir überreicht. Alle hatten ein oranges Schutzbändchen für das Handgelenk und einen Anhänger bekommen. Bei mir waren es von jedem ZWEI Stück. Ich erkannte, dass mir Swamiji hier eine Botschaft übermitteln wollte: sei nicht traurig, es ist ok, dass du deinen Weg gehst. Von da an konnte ich mein Los besser akzeptieren. Ich begriff nach und nach, dass mich Swamiji auf eine ganz besondere Art und Weise führte und schulte, mein Prozess ging eigene Wege. Das machte mich oft sehr einsam, aber ich verstand, dass es so seine Richtigkeit hatte.

Kapitel 12 - Berufliche Entwicklung

Während sich meine Beziehung zu Swamiji weiter entwickelte, wurden meine therapeutischen Arbeitsinstrumente immer besser. Swamiji führte mich einen Weg, auf dem ich mehr und mehr lernte, wie man mit den vielen Ebnen des Menschseins umgehen kann. Meine Wahrnehmung verfeinerte sich fortwährend, so dass ich immer tiefere Schichten erkennen und dort auch Probleme aufspüren und behandeln konnte. Ich lernte, dass es sehr viel effizienter ist, wenig zu machen. Dieses Wenige muss aber sitzen wie ein Laserstrahl. Somit wurden die Behandlungen in einem gewissen Sinne einfacher und auch kürzer, brauchten aber volle Konzentration und Klarheit im Geist.

Ich werde immer wieder gefragt, ob ich denn nicht erschöpft sei, wenn ich den ganzen Tag all die Geschichten anhören und meine Energie geben müsse.

Es kommt vor, dass mich gewisse Schicksale sehr tief berühren, doch im Allgemeinen habe ich inzwischen die Erfahrung gemacht, dass es meistens einen Weg aus der Misere gibt, selbst wenn im Augenblick alles total verfahren erscheint. Ich kann mich noch gut an eine meiner langjährigen lieben Patientinnen erinnern, als sie heulend am Telefon war, zwischendurch erbrechen gehen musste und in einer totalen Erschöpfung steckte. Ihr Befinden war absolut schrecklich, sie war völlig verzweifelt. Da gab es auch einmal ein Paar, das sein erstes Kind noch während der Schwangerschaft hergeben musste, weil es nicht überlebensfähig war. Die Eltern waren verzweifelt, haderten mit dem Schicksal und mit Gott und sahen keinen Weg, den Schmerz einmal überwinden zu können. In verschiedenen meiner Klienten war es bei ihren ersten Besuchen bei mir innerlich nur noch schwarz und hoffnungslos, einige waren von vielen Therapeuten schon aufgegeben worden, als therapieresistent eingestuft. Alle diese Menschen fanden wieder einen Weg und konnten sich in ein lebenswertes Dasein zurückkämpfen. Wenn ich also Geschichten höre, welche von einer gewissen Tragik sind, kann ich heute meistens gut abschätzen, was hier mach- und erreichbar ist. Ich bin dann auch zuversichtlich, dass wir einen entsprechenden Weg finden werden, womit es selbst diesen Leuten wieder besser gehen wird. Da ich den Heilprozess im Fokus habe, ist der Leidensfaktor für mich nicht im Vordergrund, obschon ich dem natürlich die erforderliche Beachtung schenke. Aber er bestimmt nicht die Art und Weise, wie ich eine Situation empfinde.

Es ist auch nicht so, dass ich meine eigenen Energien investieren müsste, um den Leuten quasi Energie zu geben. Das wäre mein sicheres Ende. Nein, im Universum hat es genug Energie, es ist nur fraglich, ob wir sie uns verfügbar machen können oder nicht. Meine Aufgabe ist es, Blockaden aufzuspüren, welche diesen Vorgang behindern. Dann muss ich versuchen zu sehen, woher sie kommen. Wenn das geklärt ist (was ich meistens als recht einfach empfinde), muss ich mit den Teilen, die gelöst werden müssen, Kontakt aufnehmen. Man kann sich vorstellen, dass im Grunde jede Blockade eine Geschichte hat. Sie ist ein Mechanismus, der in diesem oder einem früheren Leben entstand, weil wir gewisse Dinge nicht verstanden und uns schützen wollten bzw. weil es um unser Überleben ging. Letzteres schliesst auch das Überleben von unserem ganz tiefen Kern mit ein, der sich in diesem Leben ausdrücken will, meistens aber durch gesellschaftliche Normen und Erziehung zugeschüttet wurde. Wir haben also Strategien entwickelt, um mit verschiedensten Bedrohungen umzugehen. Allerdings haben diese Strategien schlussendlich eine Eigendynamik entwickelt, die für unser Leben inzwischen problematisch geworden ist. Da wir ihre Wurzel nicht erkennen, sind sie für uns auch nicht beeinflussbar. Je mehr solche Strategien entstehen, umso mehr ist der natürliche Lebensfluss behindert, was uns schlussendlich krank macht. Ich muss folglich herausfinden, weshalb eine solche Strategie entstanden ist und mit dem entsprechenden Teil Kontakt aufnehmen. Das gestaltet sich wie ein inneres Gespräch mit dieser Instanz. Ich erfahre ihre Geschichte und helfe ihr, ihren Irrtum zu erkennen und sich wieder in den Lebensfluss zu begeben. Sobald dies möglich ist, fliessen die Energien ganz von selbst, dabei bleiben meine eigenen Energien unversehrt. Mehr Information zu diesem Bereich ist – wie bereits gesagt – in Band 2 zu finden.

Was mich Kraft kostet ist vielmehr die Tatsache, dass ich inzwischen in einem Zeitkorsett stecke, weil meine Agenda sehr voll ist. Zudem ist bei jeder Person volle Präsenz gefragt. Am meisten belastet es mich aber, wenn mein geplanter Tagesablauf durch viel Unvorhergesehenes gestört wird. Das kostet mich eine Menge Energie. Mein „grösster Feind" ist wohl das Telefon, da es mir Zeit wegfrisst, die ich oft nicht habe. Solche Dinge ermüden mich sehr, nicht unbedingt die Arbeit mit den Leuten.

Da ich die Krankenkassenanerkennung geniesse, ist es für mich Pflicht, jährlich eine gewisse Anzahl Weiterbildungsstunden zu absolvieren. Inzwischen sind dies für mich willkommene Abwechslungen zu meinem Praxisalltag. Immer wieder fand ich interessante Kurse, die mir einerseits halfen, meine Therapien zu verbessern, mich andererseits aber auch persönlich weiter brachten, weil die Eigenerfahrung meistens zentral war. So standen mir immer wieder Felder zur Verfügung, in denen ich meine eigene Geschichte aufarbeiten konnte. Ich erinnere mich noch an meinen ersten Trauma-Kurs: weil mir die ganzen Umstände zu mühsam waren, besuchte ich ihn sehr widerwillig. Schlussendlich führte er aber zu einer entscheidenden Wende in meinem Leben: sehr sachte wurde ich vom Kursleiter an meine inneren Blockaden herangeführt, welche u.a. die Beziehungsebene sehr stark belasteten. Ich versank in tiefes Elend, als ich mich mit meiner Unfähigkeit konfrontiert sah, intimere Gefühle zuzulassen, musste heftig weinen und erkannte, dass ich hier endlich etwas unternehmen sollte. So entschied ich mich, eine Ausbildung in Somatic Experience zu machen, bei der es um die Arbeit mit Traumen geht. Inzwischen wusste ich, dass man im Rahmen solcher Kurse gnadenlos mit dem eigenen Ballast konfrontiert wurde und an diesem arbeiten konnte und auch musste. Zu diesem Zweck gab es immer genügend Assistenten, welche sich um einen kümmerten, wenn man Probleme bekam. Zudem musste man selbst in der betreffenden Therapieform bei anerkannten Therapeuten Sitzungen absolvieren. Also verband ich das Lernen eines neuen Therapie-Ansatzes mit der Absicht, meine inneren Knoten anzugehen. Diese Ausbildung war für mich äusserst hilfreich und noch heute absolviere ich meine Weiterbildungen in den meisten Fällen in diesem Bereich.

Immer und immer wieder machte ich die Erfahrung, dass ich in solchen Kursen meinen ganz eigenen Weg gehen musste, bei dem Swamiji mein innerer Führer war. Kursinhalte, Hilfestellungen für das Bearbeiten meiner eigenen Probleme und Übungen mussten bei mir immer mit meinem eigenen Therapieansatz und meinem eigenen Heilungsprozess vereinbart werden. Beide waren aber sehr speziell. Meiner Therapie diente längst nicht mehr mein beschränktes Basiswissen im Polarity als Grundlage, sondern es war stark erweitert durch das Wissen und die Fähigkeiten, die ich von Swamiji vermittelt bekam. So war mein Polarity mittlerweile ein äusserst ausdifferenziertes Therapiemodell geworden, das tiefere Lebenszusammenhänge mit einschloss.

Mein Heilungsweg war mir selbst ein Rätsel. Ich wusste einfach, dass mein Meister ihn anleitete und ich deshalb meiner inneren Stimme folgen musste. Wie ich je zu mehr Gesundheit kommen sollte, war mir schleierhaft, denn meine Probleme schienen sich teilweise eher zu vermehren. Auf diesen Bereich werde ich aber später noch genauer eingehen (s. Kapitel 16). Hier nur so viel: es war oft eine grosse Herausforderung, das Material der Kurse zu integrieren, da ich es mit meinen ganzen Erkenntnissen sinnvoll verbinden musste.

Was die Inhalte der Somatic Experience Ausbildung betraf, konnte ich in hohem Masse profitieren. Das vertiefte Verständnis über Traumen eröffnete mir neue Welten und half mir sehr, mich in den Energien der Klienten besser orientieren zu können. Zudem hatte ich Wissen zur Verfügung, das mich befähigte, den Leuten in einfachen Worten zu erklären, weshalb sie ihre Probleme hatten und wie sie damit umgehen konnten bzw. wie wir sie in der Therapie bearbeiteten. Ich hatte nämlich die Erfahrung gemacht, dass es den Menschen bereits besser geht, wenn sie Mittel haben, ihre Probleme zu verstehen. Sie wissen dann, dass sie nicht einfach völlig falsch ticken bzw. ihre Situation hoffnungslos ist, sondern dass alles seine Logik hat, ihr System in einem bestimmten Rahmen absolut gesund ist und sich auch wieder zumindest teilweise erholen kann.

Mein Weg führte mich zu einer weiteren therapeutischen Form, der Fernheilung. Diese entwickelte sich ganz nebenbei wie von selbst. Den Anstoss gab wohl ein schwer depressiver junger Mann, der von der Schulmedizin bereits aufgegeben worden war. Sein Leben bedeutete für ihn nur noch eine Tortur, Freude gab es kaum mehr, die Probleme waren gross. Ich setzte all mein Wissen und Können ein und konnte vorübergehend auch eine Verbesserung erreichen. Doch dann schien alles Aufgebaute wieder einzustürzen und der Mann steckte in tiefster Verzweiflung. Ich war an meiner Grenze angekommen und wusste nicht mehr weiter. Leider kann ich mich nicht mehr genau erinnern, wie es schliesslich zur Fernarbeit kam. Ich weiss nur noch, dass wir mittels Mail in Kontakt standen und ich eines Tages plötzlich erkannte, dass dieser Mann primär orientierungslos war. Emotionen und Ereignisse machten ihm das Leben schwer, aber er begriff nicht, woher diese Gefühle kamen, wie er sie einordnen musste und was sie genau bedeuteten. So fühlte er sich vom Leben umhergeworfen und hatte keine Möglichkeit, das ganze Geschehen irgendwie zu beeinflussen. Da kam mir die Idee, dass wir unseren Mailkontakt ausdehnen könnten. Inzwischen hatte ich herausgefunden, dass ich sehr gut Energien auf Distanz zu sehen und auch zu bearbeiten vermochte. Also begann er, mir täglich kurz zu schreiben, was vorgefallen war und wie er sich fühlte. Ich erklärte ihm dann, was sich genau abspielte und wie er damit umgehen konnte. Von diesem Zeitpunkt an ging es dem Mann allmählich besser. Heute ist sein Leben wieder in guten Bahnen, zudem ist er ein treuer Swamiji-Schüler geworden.

Eines Tages hatte ich den inneren Impuls, diese Fernarbeit auszubauen. Sogleich suchte ich mögliche Wege. Bereits vorher hatte ich neben meinem Polarity-Alltag mit Gruppen gearbeitet und dabei gelernt, Farben als Mittel einzusetzen, um den Verlauf von Energien zu beeinflussen. Diese Praxis entwickelte sich im Rahmen von Meditationen, bei denen ich mich von Swamiji anleiten liess und nach Seinen Anweisungen die Gruppenteilnehmerinnen durch einen Prozess führte. Dabei war die Visualisierung von Farben jeweils zentral. Wie das Ganze genau wirkt, verstehe ich noch heute nicht wirklich, ich weiss einfach, dass es sehr gut funktioniert. Diesen Umstand nutze ich nun auch bei der Fernarbeit. Ich sehe, was den Menschen im Moment Probleme bereitet, gebe den entsprechenden Energien einen Impuls und lasse die Leute dann mit einer Farbe arbeiten, welche sie während des Tages mehrmals visualisieren müssen. Die Wahl der Farben hat nichts mit der klassischen Farbtherapie zu tun, sondern ist sehr individuell. Ich sehe einfach, dass die entsprechende Farbe bei dieser Person zum gegebenen Zeitpunkt den beabsichtigten Prozess unterstützt. Dieses System funktioniert sehr gut und ich konnte damit schon grosse Erfolge verbuchen, teilweise bei Klienten, bei welchen „normale" Therapie nie den entsprechenden Nutzen gebracht hätte. Das tägliche Arbeiten, das Wissen, dabei gestützt zu werden und die Möglichkeit, sich in problematischen oder neuen Lebensfeldern besser orientieren zu können, sind sehr hilfreich und erlauben es, verfahrene Situationen effizient zu verändern oder gar zu lösen.

Wohin mich meine therapeutischen Tätigkeiten noch führen werden, wie sich meine Praxis entwickelt und vieles mehr weiss ich nicht. Ich weiss nur, dass Swamiji all dies lenkt und ich Ihm voll und ganz vertrauen kann. Mein Meister lehrt mich, wie ich das Optimum aus meinen Begabungen holen und so möglichst vielen Menschen helfen kann.

Kapitel 13 - Navaratri 2011

Während all der Jahre achtete ich darauf, dass ich Swamiji wenn möglich einmal pro Jahr persönlich sah. Wenn Er Deutschland oder die Schweiz besuchte, war ich immer zugegen, ansonsten versuchte ich es einzurichten, nach Mysore zu reisen. Dabei ging ich jeweils ans Navaratri. Dieses Fest wird in ganz Indien gefeiert, im Ashram jedoch kann man es in einer einzigartigen und wundervollen Art erleben. Da es ganze zehn Tage dauert, kommt man in den Genuss von sehr viel Präsenz von Swamiji und von intensiver Energiearbeit.

2011 war es wieder soweit. Mit zwei Frauen vom Satsang wollte ich nach Indien reisen. Wie immer empfand ich die ganzen Vorbereitungen als eher stressig, denn ich habe jeweils Mühe, meine vertrauten Wände zu verlassen und mich so vielen neuen Herausforderungen zu stellen. Zudem war ich schon eine Weile nicht mehr im Ashram gewesen, würde mich also ziemlich neu orientieren müssen. Der grosse Vorteil: ich musste nicht mehr in der Angels Hall übernachten. Mit einer der Frauen konnte ich ein sogenanntes Cottage teilen. Das sind eine Art Einzimmerwohnungen, die über Küche und Bad verfügen, allerdings ohne installierte Dusche mit warmem Wasser. Aber das war für mich eh nicht von Bedeutung. Den Komfort brauchte ich nicht, mir war die Ruhe viel wichtiger.

Kurz vor Navaratri geschah dann das Malheur: ich machte einen Misstritt und brach mir den rechten Fuss. Interessanterweise nahm ich diesen Vorfall in einer Art Zeitlupentempo wahr und blieb dabei merkwürdig ruhig. Etwas in mir nahm lediglich zur Kenntnis, dass ich nun wohl lädiert war. Die Sache erschien mir etwas mysteriös, denn ich stand auf ebenem Boden und knickte einfach ohne jeden ersichtlichen Grund mit dem Fuss zur Seite ab. Auf einmal wurde mir klar: da musste Swamiji die Hände im Spiel haben, diese Verletzung war für mich aus einem bestimmten Grund wichtig. Vorerst hatte ich aber keine Zeit, mich um entsprechende Fragen zu kümmern. Ich musste mich im Spital behandeln lassen und mir überlegen, ob ich so überhaupt nach Indien reisen konnte. Nach dem ersten Schock und dem ermutigenden Bericht des Arztes entschied ich dann, dass die Reise auch mit Krücken machbar war. Der Aufenthalt im Ashram würde eh keine Probleme bereiten.

Erst während des Navaratris begriff ich plötzlich den Sinn meines Unfalls: Ich musste lernen, dass ich auch „überleben" kann, wenn ich „schwach" bin. Durch meine Krücken erkannten die anderen meine Behinderung. Dabei machte ich die Erfahrung, dass sie dies nicht ausnützten und ich deswegen überfahren wurde, sondern vielmehr genoss ich verschiedene Privilegien. So musste ich beispielsweise selten bei einer wartenden Schlange anstehen, meistens wurde ich gleich geholt und ganz vorne eingereiht. Meine Ängste, dass ich mich mit meinem Fuss durchkämpfen musste, lösten sich auf und ich konnte stattdessen erleben, dass ich mich quasi tragen lassen durfte. Ich erkannte, dass diese Fähigkeit notwendig ist, wenn Swamiji mir helfen soll, mit meinen Problemen einen Weg zu finden. Solange ich keine Hilfe zulasse, kann Er nicht viel für mich tun. Dieser Aspekt wird im Kapitel zu meinem Heilungsprozess (Kapitel 16) noch verdeutlicht werden.

Obschon der Fuss vieles an diesem Navaratri prägte, war etwas anderes viel wichtiger für mich: Ich hatte das grosse Privileg, Swamiji ganz persönlich sprechen zu dürfen. Für mich war es das erste Mal, dass ich meinem Meister in solch einem intimen Rahmen begegnen durfte. So stand ich ihm eines Morgens von Angesicht zu Angesicht gegenüber und bekam die Gelegenheit, persönliche Fragen zu stellen. Ich war sehr aufgeregt, weil ich nicht wusste, wie ich mich verhalten musste, um keine Fehler zu machen. Zum Glück begleitete mich Babu, der den ganzen Bereich rund um die Sevas betreut. Er erklärte mir, wie ich vorzugehen hatte, denn bezüglich des Verhaltens gegenüber dem Guru gibt es ganz bestimmte Regeln. Für mich war die folgende Frage sehr zentral und drängend: konnte ich den Worten, Bildern und Gefühlen trauen, durch die ich Informationen von Swamiji bekam? Ich wollte endlich Klarheit haben, insbesondere weil auch der Satsang von diesem inneren Kanal gespiesen wurde und ich hier keine Fehler machen wollte. So fragte ich Swamiji, ob meine Wahrnehmung richtig sei oder ob ich ein bisschen zu viel Fantasie habe. Seine Antwort war klar: all das Wissen, das ich auf innerem Weg bekomme, ist korrekt. Ich war überglücklich: wenn es so war, musste ich mir ja eigentlich keine Sorgen machen, denn dann konnte ich meine Fragen und Zweifel sehr effektiv auf diesem Weg klären. Eine grosse Last fiel von meinem Herzen. Auch bezüglich Gesundheit äusserte sich Swamiji klar: ich würde gesund werden, Seine Musik werde mich heilen. Irgendwie wusste ich das, aber in Anbetracht meines desolaten Zustandes konnte ich es fast nicht glauben. Doch wie bereits gesagt, davon später mehr.

Reich beschenkt mit vielen neuen Eindrücken und Einsichten reisten wir nach Hause, wo wir einige Zeit brauchten, alles zu verdauen.

Kapitel 14 - Navaratri mit einer Gruppe

Eigentlich hatte ich nicht im Sinn gehabt, 2012 schon wieder nach Indien zu reisen, aber weil einige Satsang-Teilnehmer fanden, die Zeit wäre nun reif, dass sie den Ashram besuchten, gab ich mir einen Ruck und versprach, sie zu begleiten. Dabei entstand für mich eine völlig neue Situation: ich übernahm eine gewisse Verantwortung für eine ganze Gruppe von „Neulingen". Wie ich dieses Navaratri erlebte, habe ich in einem Bericht festgehalten, der in einer kleinen Broschüre für die deutschsprachigen Devotees von unserem Verein herausgegeben wird. Ich werde ihn in der Folge leicht verändert einfügen, denn er vermittelt einen guten Eindruck davon, was alles im Rahmen eines solchen Ashram-Aufenthaltes ablaufen kann.

Zum ersten Mal reiste ich dieses Jahr mit einer ganzen Gruppe nach Indien. Von unserem Berner-Satsang kamen sieben Personen mit mir, sechs davon zum ersten Mal. Ich wusste am Anfang nicht so recht, ob ich das als Vor- oder Nachteil betrachten sollte. Mit allen Personen war ich nicht nur durch den Satsang verbunden, sondern auch durch meine Tätigkeit als Polarity-Therapeutin. Würde ich einen guten Weg finden, mir meinen eigenen Raum zu schaffen, aber gleichzeitig auch für die «Neuen» da zu sein, die froh sein würden, wenn sie eine Einstiegshilfe in alle Bereiche des Ashrams und des Navaratris erhalten würden?

Ich wollte den andern zur Verfügung stehen, wenn Schwierigkeiten irgendwelcher Art entstehen sollten, denn mir war es ein Anliegen, dass alle eine reiche und gute Erfahrung machen konnten.

Doch eigentlich begann Navaratri für mich schon einige Zeit vor dem Abflug. Gut drei Wochen vor dem Termin geschah es: Ich stolperte über den Staubsaugerschlauch und machte einen herben Misstritt. Es knackte im Fuss, dann tat es weh. O je, mir schwante Böses. Gleich begab ich mich in ärztliche Obhut und erwartete den Befund. An sich wusste ich es schon zu Hause: gebrochen! Ich glaubte es kaum: eine Wiederholung fast eins zu eins! Vor einem Jahr hatte ich mir eine gute Woche vor Navaratri bei einem ähnlichen Misstritt den anderen Fuss an der genau gleichen Stelle gebrochen und war daraufhin mit Krücken nach Indien gereist. Nun widerfuhr mir das Gleiche. Das konnte einfach kein Zufall sein. Bald dämmerte mir der Grund: meine emotionale Welt war in den vorangehenden Wochen aus den Fugen geraten und bedurfte tiefgreifender Klärung. Somit war es für mich absolut ok, halt etwas umständlich zu reisen. Eigentlich war es ja kein Problem: Wenn auf diese Weise wichtige Themen bearbeitet werden konnten, empfand ich es noch als sehr gnädige Belastung, die mir auferlegt wurde. Ich litt ja nicht wirklich und konnte alles machen, was mir wichtig war, musste keine Abstriche in Kauf nehmen. Was wollte ich mehr?

So reiste ich also mit Stöcken versehen nach Indien. Meine liebe Freundin Gargi nahm sich – wie schon letztes Jahr – meiner an und half mir überall, wo es mit Krücken mühsam wurde. Wir waren bereits ein eingespieltes Team.

Die Reise klappte gut und wir kamen planmässig nach Mitternacht in Bangalore an. Hier waren wir in einem Hotel untergebracht, wo wir den Rest der Nacht verbringen und ausschlafen konnten, bevor die etwas mühselige Taxifahrt nach Mysore beginnen würde. Um zehn Uhr sollte uns das vorbestellte Taxi abholen. Babu aus dem Ashram hatte es uns organisiert, womit wir sicher sein konnten, dass wir nicht den doppelten Preis bezahlen mussten, wie das sonst bei unerfahrenen Ausländern üblich ist. Zu gegebener Zeit war allerdings noch kein Taxi da und ich sass wie auf Kohlen und wusste nicht, ob es noch klappen würde. Als sich bereits die ganze Hotellobby mit unserem Fall zu befassen begann und man versuchte, Kontakt zum Taxibetreiber herzustellen, kam endlich ein Auto. Aber o Schreck! Es war zwar ein Neunplätzer für uns acht Leute, aber mit dem Gepäck hatte der Fahrer nicht gerechnet. Die Inder standen ratlos und nachdenklich beim Taxi, schauten das Auto an, dann die Gruppe mit den vielen Koffern und Taschen. Schliesslich begann der Chauffeur, unser Gepäck auf das Dach zu beigen. Wir beobachteten das Treiben kritisch: Ob das wohl gut kam? Doch der Taxifahrer vollbrachte wahre Wunder: Alles Gepäck war schlussendlich versorgt und gut gesichert. Nun ging es darum, uns den restlichen Platz im Auto zu teilen. Das wurde ziemlich eng und so fuhren wir richtig indisch (zusammengequetscht wie Sardinen in einer Dose) vier Stunden nach Mysore. O welche Wohltat, endlich vor dem Ashram zu stehen. Freude machte sich breit. Doch die währte nur kurz: Die Wärter wollten uns nicht einlassen. Den Grund weiss ich bis heute nicht. Es gab lange Diskussionen. Schliesslich konnten wir nur auf den Parkplatz fahren und sollten eine volle Stunde dort warten, bis das Office öffnete. Doch da erschien ein Engel in menschlicher Form und bewirkte, dass wir endlich eingelassen wurden. Sogleich nahm uns Pingala, der für die Unterkünfte der Angels verantwortlich ist, in Empfang, teilte uns die Schlafplätze zu und gab uns die nötigen Informationen. Endlich wirklich angekommen! Wir waren alle sehr müde und freuten uns einfach, nicht mehr viel tun zu müssen.

Am folgenden Tag begannen dann die Feierlichkeiten zu Navaratri. Wie jedes Jahr zelebrierte Swamiji sie ausführlich, was uns sehr freute. Lange Zeit war nämlich nicht klar gewesen, ob es Seine Gesundheit zulassen würde, diese anstrengenden Rituale alle durchzuführen. So stellte sich für mich bald der alt vertraute Rhythmus ein, während die „Neuen" das Treiben aufmerksam betrachteten und versuchten zu verstehen. Es war für mich gar nicht einfach, aus dem hektischen Leben in der Schweiz auf einmal in eine Ruhestellung versetzt zu werden. Die ersten drei Tage empfand ich extreme Unruhe, konnte schwer still sitzen, spürte die Energie von Swamiji schlecht und hatte durchgehend Migräne. So gut wie möglich nahm ich am Geschehen teil, erlaubte mir aber auch immer wieder eine Pause. Nach und nach fand ich mehr Ruhe in mir und begann die Energien zu spüren.

Endlich brauchte ich nicht mehr meine ganze Kraft für mich selbst und konnte beginnen, mich um die Gruppe zu kümmern. Jeder Einzelne ging durch einen Prozess, wie dies bei Navaratri ja normal ist. Aber ich freute mich zu sehen, wie sich alle sehr gut in der neuen Welt zurechtfanden. Zu verdanken hatten wir dies unter anderem Babu, der eigentlich für die Sevas zuständig ist. Er kümmerte sich sehr um unsere Gruppe, erklärte, zeigte und organisierte. So hatten wir auch die grosse Freude, als Gruppe zu Swamiji zu dürfen. Er schien *erfreut über unser Erscheinen, beantwortete Fragen und gab allen, die danach fragten (was schlussendlich alle waren), einen spirituellen Namen, zudem grosszügiges Prasadam. Dieses Erlebnis war für uns alle wunderschön. Überhaupt genossen wir an diesem Navaratri mehrere Privilegien und durften die grosse Gnade von Swamiji vielfach erfahren. Wenn man bedenkt, wie viele Leute anwesend sind und auf ihre Rechnung kommen möchten, war es ein riesengrosses Geschenk, das Swamiji uns immer wieder machte, indem Er uns Seine Aufmerksamkeit schenkte.*

Im Rahmen einer bestimmten Seva hatte ich dann das Glück, einen persönlichen Termin bei Swamiji haben zu dürfen. Ich war mir der Tatsache bewusst, dass dies ein ausserordentliches Privileg war und wusste es von tiefstem Herzen zu schätzen. Endlich hatte ich die Gelegenheit, Swamiji eine für mich wichtige Frage zu stellen, die ich schon ein ganzes Jahr in meinem Herzen herumtrug. Er beantwortete sie mir sehr klar, ebenso die anderen Fragen. Fazit der Sitzung war eigentlich das Gleiche wie ein Jahr zuvor: Trau deiner inneren Stimme, sie ist sauber und die Informationen, die du auf diesem Weg bekommst, sind stimmig. Zum Abschied schenkte mir Swamiji dann ein grosses, dickes und schweres Buch, das eben neu erschienen war. Es hat wunderschöne Bilder und zu jedem Bild einen passenden Spruch. Erst hinterher, als ich die Seiten mit Gargi zusammen betrachtete, fiel uns auf, wie jede Seite mit Energien von Swamiji durchtränkt war. Es schien, als würde jede Seite zusätzlich zur sichtbaren Botschaft eine noch viel tiefere, umfassendere beinhalten. Es kam mir wie ein Seelenatlas vor, der mir in tiefen Schichten Orientierung geben soll. Mir war klar, dass ich nun täglich mit diesem Buch arbeiten muss, was mir eine grosse Freude ist. Mein Koffer legte durch diese wundervolle Gabe allerdings erheblich an Gewicht zu. Am Schluss war er sieben Kilos schwerer, obschon die verschiedenen mitgebrachten Dinge wie Esswaren und Geschenke wegfielen.

Während der Feierlichkeiten hatten wir immer auch genügend Zeit, zusammen zu sein und uns auszuruhen. Ich merkte, dass es meine Aufgabe war, ein bisschen zur Gruppe zu schauen und täglich die Energien zu bearbeiten. Das hatte den Vorteil, dass Unwohlbefinden schnell behoben war und alle viel besser am Fest innerlich dabei sein konnten. Richtig grosse Krisen erlebte eigentlich niemand. Einem Gruppenmitglied begann allerdings nach einigen Tagen das Essen zu widerstehen. Der Mann gönnte sich dann Ausflüge nach Mysore, wo er sich mit Pizza versorgte. Dabei knüpfte er schöne Kontakte mit Einheimischen, besonders mit einem Rikschafahrer*, worauf die ganze Gruppe von entsprechenden Vorteilen profitierte. Überall erlebten wir, dass wir geschätzt und willkommen waren, was uns ein wunderschönes Gefühl vermittelte.

Einmal warteten wir am Morgen, dass Swamiji in die Nada Mantapam**kommen würde, aber die Zeit verstrich und nichts bewegte sich. Endlich, bereits eine ganze Weile nach der üblichen Zeit, fuhren plötzlich Unmengen von Polizeiautos vor. Dann ging alles ganz schnell: Ein Mann stieg aus und wurde gleich weggeleitet. Erst hinterher erfuhr ich, dass es sich um einen Besuch von einem hohen Regierungsbeamten handelte und entsprechende Sicherheitsmassnahmen erforderlich gewesen waren. Ja, auch dies gehört noch zum «Pflichtenheft» von Swamiji: neben den vielen Ritualen, dem geduldigen Ausgeben von Prasadam und vielem mehr empfängt Er „wichtige Personen". Mir wurde an diesem Navaratri klar, dass Swamiji sehr weit denkt und vieles macht, das der ganzen Welt zugutekommen soll. So ist es ihm auch äusserst wichtig, dass seine Musik populär gemacht wird, nicht einfach, weil dies Erfolg bedeutet, sondern vielmehr, dass die heilende Wirkung mehr und mehr entfaltet werden kann, indem die Klänge immer und immer wieder gehört werden. Dabei versucht Swamiji, «Seinen Kindern» alles so angenehm wie möglich zu machen und ihre Anstrengungen mit Aufmerksamkeiten zu belohnen (Prasadam, Wettbewerbe mit Preisen, und vieles mehr). Ich schäme mich manchmal, wenn ich nicht sofort begreife, worum es Swamiji bei Seinen Wünschen an uns geht und mein Ego sich aufbäumt. Immer mehr will und muss ich lernen, fraglos umzusetzen, auch wenn ich nicht sofort verstehe. Es gelingt mir zum Glück fortlaufend besser.*

Eine tiefe Erfahrung wurde mir am Chandi-Homa zuteil. Auf einmal bemerkte ich, wie Swamiji, der dort vor dem Feuer stand und *sich zu konzentrieren schien, plötzlich zu schwanken begann und von Helfern gestützt werden musste. Mir war sofort klar, dass Er in einem Samadhi-Zustand* verweilte, sich also mit Seinem Bewusstsein in einer sehr hohen Ebene befand, die für uns unzugänglich ist. Lange stand Er dort, gehalten von zwei Männern. Während dieser Zeit zog es mich plötzlich weg von mir. Es war, als würde Swamiji von einem fernen Ort her rufen und ich folgte. Dann befand ich mich in einem völlig neuen inneren Raum, bei mir Swamiji. Einen kurzen Augenblick erhaschte ich einen Blick in eine mir neue Dimension. Dann war mein Bewusstsein wieder im Hier und Jetzt. Gleich darauf öffnete Swamiji seine Augen wieder und führte das Homa zu Ende. Ob Er uns allen die Möglichkeit gegeben hatte, Ihm ein bisschen in eine andere Welt zu folgen? Ich war auf alle Fälle tief berührt und fühlte mich Swamiji sehr nah und verbunden.*

Etwas, was wir alle in Indien lernen müssen, ist geduldiges Warten. Hier läuft es nicht nach präzisen Schweizer Uhren, sondern nach indischer Zeit. Zudem beachtet Swamiji primär die Energien, und nicht die Uhr. Bis am Schluss waren wir schon richtige Profis im ruhigen Dasitzen und einfach Warten. Unsere „Errungenschaft" wurde dann am letzten Tag noch sehr auf die Probe gestellt. Plötzlich erhielten wir nämlich die Nachricht, dass es die Möglichkeit gäbe, für 10'000 Rupies (ca. CHF 200.-) ein Bild mit Swamiji zu machen. Wir beschlossen, dass wir dies als Gruppe gerne tun würden, da unser Geld auch noch reichte. Folglich warteten wir am angegebenen Ort. Nichts geschah. Auf einmal erhielten wir dann die Information, dass wir uns zuvor einen Termin von Prasad (Sekretär von Swamiji) geben lassen mussten. Also warteten wir vor seinem Büro weiter. Endlich konnte ich ihn dann sprechen, doch er wusste von allem nichts. Wir wollten schon aufgeben, da rannte uns ein Inder nach und teilte uns mit, wir müssten wieder dorthin zurückgehen, wo wir am Anfang gewesen waren. Inzwischen hatten wir schon über zwei Stunden gewartet. Kaum dort angekommen, ging plötzlich alles ganz schnell. Eh wir uns versahen, standen wir vor Swamiji. Er sprach freundlich zu uns und ermunterte uns, Navaratri weiterhin zu besuchen, da es nicht klar sei, wie lange Er es noch so durchzuführen vermöge und Bala Swami (bereits ernannter Nachfolger von Swamiji) diese komplizierten Rituale nicht ausführen könne. Dann durften wir uns für ein gemeinsames Foto platzieren. Von Bezahlung wollte schlussendlich niemand etwas wissen, wir konnten unser Geld behalten. Es war ein wundervoller Abschluss unseres Ashramaufenthaltes. Ich zehrte noch die ganze Nacht im Flugzeug von diesem Erlebnis. Da ich schwer beim Fliegen schlafen kann, holte ich mir einfach immer und immer wieder diese Situation vor Augen, so dass ich jeweils hinwegdöste, voll gehalten in Swamijis wunderbaren Energien. Dazu hörte ich die Klänge Seiner neusten CD, die sehr kraftvoll sind. Trotz wenig Schlaf war ich am nächsten Tag erstaunlich fit.

Wie immer war dieses Navaratri von einem immensen Reichtum. Allerdings erlebte ich es noch nie so anstrengend wie dieses Jahr. Wieder zu Hause war ich total müde und musste leider auch noch Salmonellen bekämpfen. Die vielen Energien, die es jetzt zu integrieren galt, beschäftigten mich noch eine Weile. Erst hinterher wurde mir vieles bewusst. Vor allem erkannte ich mehr und mehr, wie sehr wir als Gruppe Swamijis Wertschätzung erhielten. Dies war uns eine grosse Motivation, weiterhin bei den Satsangs (und natürlich auch dazwischen) regelmässig und intensiv zu arbeiten. Und im folgenden Jahr stand Navaratri bereits bei einigen von uns wieder auf dem Programm. Mysore, wir kommen wieder!

Kapitel 15 - Ashram im Januar 2013

Schon lange hatte mein älterer Bruder im Sinn, einmal den Ashram von Swamiji zu besuchen. Ich hatte das Bedürfnis, ihn zu begleiten, und so ergab es sich, dass ich zwei Vorhaben unter einen Hut bringen konnte:

Im Jahr 2012 machte sich bei mir immer mehr eine Erschöpfung bemerkbar. Ich erkannte: jetzt musste etwas geschehen, eine Auszeit war angesagt. Die einzige Idee, die ich dazu hatte, war ein Aufenthalt im Ashram. Dieser musste aber ausserhalb jeglicher Festlichkeiten erfolgen, wenn es nicht so viele Leute und auch wenig Programm hatte. Sonst war eine Erholung unmöglich.

Da mein älterer Bruder im Januar 2013 geschäftlich in Indien zu tun hatte, liess es sich organisieren, dass wir zusammen in den Ashram reisen und einige gemeinsame Tage dort verbringen konnten. Von Mysore aus würde er dann weiterfliegen, um seinen Verpflichtungen nachzukommen.

Auf diese Art erfüllte sich noch eine dritter Wunsch von mir, nämlich dem Winter in der Schweiz für zweieinhalb Wochen zu entfliehen.

Nachdem wir von Swamiji die Erlaubnis für den Besuch bekommen hatten, machte ich mich an die Planung. Mir war nicht ganz klar, wie ich mir die Tage im Ashram um die Ohren schlagen sollte. Da es nur wenig Programm haben würde, musste ich mir selbst Aktivitäten schaffen. Was bereits sicher war: ich wollte ayurvedische Behandlungen im Spital machen lassen. Dieses war dem Ashram angeschlossen und gehört zu einem von vielen sozialen Werken, die Swamiji für die Bevölkerung erstellt hatte (und auch weiterhin erstellt). Die Behandlungen dort sind für alle Leute zugänglich und kostenlos. Selbstverständlich würde ich alles bezahlen, denn schliesslich hatte ich für indische Verhältnisse Unmengen von Geld zur Verfügung und konnte dazu beitragen, dass die Kosten dieses Dienstleistungszentrums nicht alle von Swamiji getragen werden mussten.

Ich wusste auch, dass man sich im Ashram in verschiedenen Bereichen nützlich machen konnte. Pingala hatte mich schon informiert, dass er über eine Liste von möglichen Diensten verfüge. Damit ich auch ein bisschen körperlich aktiv sein konnte, nahm ich mir vor, ab und zu auf den Hausberg von Mysore zu pilgern, den Chamundi Hill. Er ist sehr bekannt, weil er für die Inder ein Heiliger Berg ist. Zu guter Letzt plante ich, meine Englischkenntnisse aufzubessern, die eher rudimentär sind. Dafür schleppte ich extra einen entsprechenden Lehrgang mit. Um mit meiner komplizierten Esserei einen Weg zu finden, wollte ich auch selbst einkaufen gehen und mir mein eigenes Essen kochen.

Mit all diesen Ideen gerüstet fühlte ich mich mit meinem Vorhaben schon etwas wohler und harrte getrost der Dinge, die auf mich zukamen.

Schlussendlich kam dann alles ein bisschen anders und ich geriet zeitweise sogar unter Zeitdruck. Als wir dort ankamen, gab es nämlich erst einmal einiges zu tun, bis ich mich in meinem Cottage, das ich ganz für mich alleine beanspruchen konnte, eingerichtet hatte. Zudem hielt sich zu dieser Zeit auch eine meiner lieben Satsangfrauen im Ashram auf, der es nicht besonders gut ging. Also war es mir ein Anliegen, ihr zu helfen. Gleichzeitig wollte ich meinen Bruder - so gut es ging - einführen und einiges mit ihm unternehmen. Folglich war ich sehr beschäftigt und fand wenig Zeit für mich.

Ursprünglich hatte ich davon ausgehen müssen, dass sich Swamiji zu dieser Jahreszeit auf einer Indientour befand. Umso erfreuter war ich, dass die traditionelle Reise zu seinen vielen Anhängern erst später stattfinden würde. So hatten wir das Glück, Ihn täglich nach der morgendlichen Puja zu sehen und Seinen Segen zu empfangen. Zudem organisierte Babu meinem Bruder und mir ein persönliches Treffen mit dem Meister. Ich war überglücklich, wider Erwarten so reich beschenkt zu werden.

Indem ich meinen Bruder begleitete, bekam ich gleich die Gelegenheit, Swamiji eine für mich wichtige Frage zu stellen. Meine 90-jährige Nachbarin, mit welcher ich ein sehr gutes Verhältnis hatte, wollte in eine Alterswohnung umziehen. Somit stand das Haus, das sie bereits auf ihre Söhne überschrieben hatte, zum Verkauf. Mir war plötzlich die Idee gekommen, ich könnte es erwerben. Da ich beruflich selbständig bin, habe ich keine Pensionskasse und muss mein Altersgeld selbst anlegen. Der ganze Finanzsektor ist aber so problematisch geworden, dass man kaum noch weiss, wo das Geld sicher ist. Eine Immobilie ist ein sicherer Wert. Zudem sind unsere Reihenhäuser schallmässig sehr schlecht konzipiert. Man hört alles und muss aufeinander Rücksicht nehmen. Wenn mir das Haus gehörte, konnte ich die Mieter selbst aussuchen und somit sicherstellen, dass ich weiterhin meinen Frieden hatte. Und nicht zuletzt bestand die Gelegenheit, mein eigenes Haus zu erweitern, indem ich einen Durchbruch machen liess und ein Zimmer vom Nachbarshaus zu einem Gästezimmer machte, das mir fehlte. Swamiji betrachtete meine Pläne auf den notwendigen Ebenen und gab mir grünes Licht. Dass damit sein voller Segen auf dem Projekt lag, wurde mir später immer mehr bewusst. Doch davon erzähle ich im nächsten Kapitel mehr.

Nachdem mein Bruder und später auch meine Kollegin abgereist waren, fiel ich vorerst in ein Loch. Ich fühlte mich sehr einsam und verlassen. Glücklicherweise konnte ich mich aber schnell auffangen und begann, mir „mein eigenes Leben" einzurichten.

Nun könnte man meinen, es sei die Präsenz von Swamiji gewesen, die mich wieder aufrichtete. Doch zu meiner Schande muss ich gestehen, dass dem nicht so war. Zumindest ist mir dies nicht bewusst. Dass Er allerdings Seine Finger im Spiel hatte und mir laufend „rettende Engel" schickte, davon bin ich überzeugt.

Wie dem auch sei: vor allem zwei Männer standen mir in dieser Zeit im Ashram unermüdlich bei. Der eine war Babu, der mich immer wieder mit kleinen Aufmerksamkeiten und Hilfestellungen unterstützte. Seit den letzten Aufenthalten in Mysore hatte sich zwischen uns eine wunderschöne Freundschaft entwickelt. Er war mir mittlerweile wie ein Bruder und zudem eine der ganz wenigen Personen im Ashram, die sich als absolut zuverlässig erwies. Der andere Mann war der Rikschafahrer, den wir als Gruppe im Jahr zuvor kennen gelernt hatten. Er war mit unserem von einer Krise geschüttelten Gruppenteilnehmer regelmässig nach Mysore zum Pizzaessen gefahren.

Als er erfuhr, dass ich im Ashram war, heftete er sich mir sofort an die Fersen und chauffierte mich nach meinen Wünschen durch ganz Mysore. Ich wusste nicht so recht, inwieweit ich ihm vertrauen durfte, denn meine Erfahrung hatte gezeigt, dass hinter einem grossen Eifer häufig viel Berechnung steckt. Viele Inder sind sehr geschickt darin, mit den Emotionen der Touristen zu spielen und möglichst viel Geld aus ihnen herauszuholen. Ich musste also auf der Hut sein. Nachdem ich mich ein bisschen seiner gesundheitlichen Probleme angenommen hatte und bereit war, entsprechende Arztkosten zu bezahlen, verfügte ich über ein kleines Druckmittel, ihm sehr klar meine Linie durchzugeben, was er schliesslich auch akzeptierte. So wurden wir beste Freunde und er begleitete mich auf all meinen Einkäufen und ermöglichte mir täglich, meinen heiss geliebten Kaffee zu bekommen.

Ja, der Kaffee! Es gab eine Zeit, da trank ich viel zu viel davon, worauf ich eine Entwöhnungskur machen musste. Von da an genehmigte ich ihn mir nur noch in zuträglichen Mengen. Das Gute am Entzug war, dass ich seit damals genau spüre, wann es genug ist und mich auch daran halte. Irgendwie habe ich den Eindruck, dieses Gebräu tue mir gut. Daneben hat es aber auch noch einen anderen Effekt: eine Auszeit mit einer Tasse richtig gutem Kaffee vermittelt mir das Gefühl von einer inneren Freiheit, die ich sonst in dieser Form nicht erlebe. Eigentlich müsste dies ja auch anders möglich sein, aber bis jetzt habe ich keine Alternative gefunden. Es ist, als dürfte ich bei diesem „Ritual" einfach mich selbst sein, so wie ich bin, mit allen Stärken und Schwächen. Wie sich in Kapitel 16 noch zeigen wird, habe ich in diesem Bereich etliche Probleme, was auch meiner Gesundheit gar nicht zuträglich ist. Warum ausgerechnet ein Kaffee dazu führt, dass ich mich sein darf, ist mir ein Rätsel. Vielleicht kann ich es mir später einmal erklären.

Was den Ashram betrifft, war mein Gefühl der inneren Freiheit bei den bisherigen Aufenthalten häufig sehr strapaziert, da ich mir hier ein bisschen eingeschlossen vorkam. Das Leben ausserhalb der Mauern gestaltete sich eher mühsam und kompliziert, weil man nie wusste, wie man sich verhalten und schützen musste. Der Lebensradius war also klein. Zudem hatte sich Kaffeetrinken in Indien für mich bisher nicht als sehr attraktiv erwiesen, weil der typische indische Kaffee ein Milchkaffee ist, der mit Nescafé-Pulver angerührt und mit sehr viel Zucker versehen wird. Erst beim letzten Navaratri hatte ich ganz am Schluss entdeckt, dass es neuerdings auch Orte in Mysore gab, welche einen richtigen Bohnenkaffee anboten. Mein Rikschafahrer erkannte meine grosse Liebe und fuhr mich von da an täglich in meine Kaffeepause. Diese Ausflüge verbanden wir auch mit dem Besuch eines Supermarktes, in dem es alles zu kaufen gab, was mein Leben im Ashram angenehm machte. So banal es erscheinen mag: ich fühlte mich endlich rundum wohl. Mein „spirituelles Leben" im Ashram war nicht mehr abgekoppelt von einem Alltagsleben, sondern ich konnte die beiden Aspekte verbinden. Dass dies bei mir ein wichtiger Faktor ist, erkannte ich schon früh bei meiner Praxistätigkeit. Meine Aufgabe besteht u.a. darin, Brücken zu bauen, den Menschen also zu helfen, ihr spirituelles Wesen in ihrem Lebensfeld zu entfalten, welches in der Regel kein Tempel, sondern der ganz banale Alltag ist. Wenn wir mit diesem jedoch bewusst umgehen, bietet er einen Pool von Möglichkeiten, die unsere spirituelle Entfaltung sicherstellen. Wir müssen sie nur aufmerksam studieren und die richtigen Lehren aus den vielen scheinbar „unwichtigen" Ereignissen ziehen.

In meinem Fall bestand der Brückenbau darin, dass ich die spirituelle Ebene und die Körperlichkeit verbinden lernte. Ich glaube, in diesen zwei Wochen legte ich dafür die entscheidenden Grundsteine. Hier brachte ich meine Swamiji-Welt, also den spirituellen Teil, erstmals ganz konkret mit dem Alltag und mit meinen körperlichen Bedürfnissen zusammen. Ich erlebte die beiden Aspekte als ein sich ergänzendes Ganzes, und zwar in einer Intensität, wie dies noch nie der Fall gewesen war.

Eine weitere Routine entwickelte sich, die für mein Wohlgefühl sehr nützlich war: ich pilgerte täglich auf den Chamundi Hill. Dies war eine nicht zu unterschätzende körperliche Anstrengung, denn man muss 1000 Stufen emporklettern, die teilweise sehr hoch sind. Nachdem ich eher kurze Beine habe, kam ich ganz schön ins Schnaufen und mit meiner Muskelkraft an die Grenzen. Wegen meinem Untergewicht bin ich nicht gerade übermässig kräftig, das spürte ich nun deutlich. Aber ich schaffte es, und zwar immer besser. Am Schluss war ich ziemlich fit und erfreute mich auch einiger „Freunde", denen ich regelmässig auf meinem Ausflug begegnete und mit denen ein kleines Schwätzchen wohltuend war. Bewegung ist für mich oft ein Wundermittel, wenn es darum geht, mein Innenleben ins Gleichgewicht zu bringen. Zudem chante ich dabei meistens ein Mantra und fühle mich in dieser Zeit sehr verbunden mit Swamiji. Viele können das nicht verstehen, dass ich dauernd den Ashram verliess und lieber auf einen Hügel kletterte als in den Ashramenergien zu verweilen. Doch meine innere Arbeit ist auf diese Art sehr viel effizienter, die Resultate um ein Vielfaches besser, als wenn ich Bücher studieren und den ganzen Tag in den Tempeln sitzen oder Musik hören würde.

Wie ich es vorgehabt hatte, besuchte ich eine ayurvedische Ärztin, welche mir eine Kur verordnete. So bekam ich während mehrerer Tage regelmässig Ölgüsse. Am Anfang war dies sehr ungewohnt. Drei Frauen kümmerten sich um mein Wohl, strichen mit ihren mütterlichen Händen meinen ganzen Körper mit Öl ein und verschonten auch meine Haare nicht. Ich war durch und durch fettgetränkt. Am Schluss durfte ich mich dann mit viel warmem Seifenwasser waschen. Mit der Zeit konnte ich dieses Prozedere sehr geniessen.

Schon lange Zeit existiert im Ashram ein Bonsaigarten. Bis jetzt hatte ich nie die Zeit gehabt, dort länger zu verweilen. Doch diesmal machte ich es mir zur Pflicht, täglich mindestens eine halbe Stunde zwischen diesen geheimnisvollen Baumzwergen umher zu wandeln. Ich hatte nie begriffen, warum Swamiji dieses „Hobby" pflegte, doch nun begann ich zu erkennen, welches Geschenk er uns damit machte. Die Kraft in diesem Garten ist riesig, jeder einzelne Bonsai strahlt wundervolle Energien aus. Ich kann die Heilwirkung des Ganzen nicht wirklich abschätzen, ich spürte einfach, dass hier etwas ganz Tiefes in Bewegung kam. So wurde ich geradezu Bonsai-süchtig und „musste" jeden Tag dort vorbeigehen.

Ein weiteres solches „Hobby" von Swamiji war ganz neu: er baute einen richtigen Papageienzoo auf. Nachdem ich bei den Bonsais verstanden hatte, dass Swamiji sich mit Seinen „Hobbies" nicht einfach geheime Wünsche erfüllt, war mein kritischer Geist ziemlich eingeschüchtert. So stellte ich mir folglich sehr offen die Frage, was es mit den Papageien auf sich hat. Einige Antworten konnte ich finden, vieles blieb mir aber ein Rätsel. Mittlerweile gibt es ein Buch des Meisters, das etliches erklärt. Damals versuchte ich einfach, mich diesem neuen Feld zu öffnen und es auf mich wirken zu lassen. Bald konnte ich schon spüren, dass in einigen Papageien uralte Seelen hausten. Später erklärte mir Swamiji, dass diese Seelen sich auf das Menschsein vorbereiten würden. Ob Er sie in den Ashram holte, um ihnen bei diesem Unterfangen zu helfen, da sie ev. später wichtige Funktionen auf der Erde zu erfüllen haben? Lassen wir es offen.

Das allergrösste Geschenk kam aber erst noch: eines Morgens eröffnete mir Babu, Swamiji wolle mich noch einmal sehen, aber alleine, ohne Anhang. Ich war völlig perplex: ER wollte MICH sehen. Nicht ich musste für einen Termin „betteln", ich sollte wahrhaftig noch einmal auf SEINEN Wunsch hin vor Ihm erscheinen. Das war für mich ein unglaublicher Segen. So kam es, dass ich ein zweites Mal bei Ihm aufkreuzte. Da ich den Grund für diese Begegnung nicht kannte, war ich sehr aufgeregt. Noch nie hatte ich Swamiji so zugänglich erlebt wie in den folgenden Minuten. Er nahm sich unglaublich viel Zeit für mich und ermutigte mich, einfach ein bisschen mit Ihm zu schwatzen und Fragen zu stellen. Ich teilte Ihm meine Beobachtungen bei den Papageien mit und äusserte die Vermutung, dass wir beide – Swamiji und ich – über diese Vögel eine tiefe Verbindung haben. Er bestätigte dies und erklärte mir, dass ich mit einem der Papageien eine sehr spezielle Beziehung hätte. Sogleich liess Er das Tier extra für mich holen und setzte es mir sogar auf meine Schultern. Anschliessend durfte ich es streicheln. Dies liesse es sich nur von Personen gefallen, welche es möge, teilte mir Swamiji mit, die anderen picke es. Ich fühlte mich sehr unsicher, aber gleichzeitig überglücklich. Am Schluss gab mir mein Meister noch grosszügig Prasadam, auch für die Satsanggruppe. Dann machte er etwas, was ich so noch nie von Ihm erfahren hatte: er berührte meinen Kopf an verschiedenen Stellen. Wie auf Wolke sieben schwebend verliess ich anschliessend den Raum. An diesem Tag musste ich beim Aufstieg auf den Chamundi Hill eine ganze Weile Treppenstufen steigen, bevor ich einigermassen meine innere Ruhe fand. Die ganze Zeit über spürte ich die Seele „meines" Papageien deutlich und erkannte auch, welche Beziehung zwischen diesem Wesen, Swamiji und mir bestand. Die Szene, bei welcher der Vogel auf meiner Schulter sitzt, war vom Ashram-Fotografen festgehalten worden. Zu Hause merkte ich dann, dass dieses Bild eine riesige Kraft ausstrahlt. So stellte ich es gleich an verschiedenen Orten auf. Viele Menschen fühlten sich in der Folge magisch davon angezogen, betrachteten es eingehend und empfanden seine Wirkung als äusserst schön und kräftig. Ich nehme an, bei diesem Treffen mit Swamiji passierte noch einiges mehr als das, was ich beschrieben habe, aber auf anderen Ebenen, die mir nicht bewusst sind.

Finanziell waren die Papageien für mich ein bisschen „ruinös". Ich hatte zugesagt, die Ernährung aller Tiere für ein Jahr sicher zu stellen. Zudem sponserte ich auf Swamijis Anregung hin „meinen" Papageien, der eine Menge gekostet hatte, weil es sich um eine vom Aussterben bedrohte Gattung handelt. Doch ich überlegte nicht lange: wenn es Swamijis Wunsch war, dass ich diesen Kauf finanzierte, würde das Geld auch irgendwie reichen.

Nachdem ich die entsprechenden Checks nach Mysore geschickt hatte, informierte mich Babu, dass Swamiji äussert glücklich sei. Einige Tage später bekam ich plötzlich ein Mail aus dem Ashram, dass ich Zugang zu einer Adresse meines Meisters bekam, über die ich Ihm Mails schreiben durfte. Diese wurden von Swamiji persönlich gelesen und teilweise auch beantwortet. Ich konnte mein Glück kaum fassen und stehe seither auch auf diesem Weg in regelmässigem Kontakt mit meinem Guru.

Kapitel 16 - Turbulente Entwicklungen

Dass das Jahr 2013 ein intensives werden würde, hatte ich gewusst, allerdings „übertraf" es teilweise meine Erwartungen: ich fühlte mich oft ziemlich geschlaucht. Mein Programm war für meine Verhältnisse ja auch nicht gerade eine Light-Version: zuerst erwartete mich der eben beschriebene Ashrambesuch, dann musste ich in eine Weiterbildung, was auch immer eine Herausforderung bedeutet. Im Sommer würde Swamiji in die Schweiz kommen. Hier hatte ich meine Hilfe bei den Blumen versprochen, musste folglich alles organisieren. Kurz darauf stand das Navaratri auf dem Plan. Und jetzt noch dies: ich würde das Nachbarshaus kaufen und musste somit alles rund um die Finanzierung und die Sanierung in die Wege leiten. Dann sollte ich ja auch noch Mieter suchen. Ich fühlte mich also ziemlich unter Druck und fragte mich, wie das alles neben meiner übervollen Praxis zu schaffen war.

Doch irgendwie ging es. Ich kam zwar ab und zu stark an meine Grenzen, besonders bei Swamijis Besuch in Flüeli Ranft. Mir wurde alles zu viel und ich schaffte es nur mit knapper Not, meine Kräfte so zu bündeln, dass das Ganze funktionierte. Schlussendlich vollbrachten wir als Gruppe aber eine wundervolle Arbeit, die mich zum Glück sehr stärkte und Mut für das Weitere machte. Wieder einmal hatte ich erfahren, dass durch die Präsenz von Swamiji Dinge möglich werden, wie dies sonst kaum der Fall ist.

Ein grosser Brocken war allerdings noch das Haus. Mit meinem eigenen hatte ich in verschiedener Hinsicht sehr mühsame Erfahrungen gemacht. Doch auch hier erlebte ich: wenn Swamiji unsere Projekte unterstützt, geschehen erstaunliche Dinge. So verlief von Anfang an die ganze Sanierung wie nach geheimen Plänen. Es war manchmal fast nicht fassbar, wie sich einfach alles wie von selbst ergab.

Als erstes lernte ich eine wunderbare Bankenfrau kennen, welche alles rund ums Geld prompt und professionell erledigte. Ich konnte ihr voll und ganz vertrauen und auch sie fühlte sich von mir positiv berührt. Fazit: als Nebeneffekt der Hausfinanzierung wurden sie sowie ein Teil ihrer Familie treue Klienten in meiner Praxis und es gelang mir, ihnen in verschiedener Hinsicht zu helfen.

Nun musste als Nächstes die Sanierung des Hauses organisiert werden. „Zufälligerweise" erfuhr ich von einem meiner Patienten, dass die Stiftung Terra Vecchia eine Baufirma führt. Das weckte mein Interesse, denn ich hatte schon viel Gutes von dieser gemeinnützigen Organisation gehört. Dort finden u.a. Fachkräfte aus verschiedensten Berufen einen teilweise geschützten Arbeitsplatz, weil sie wegen diverser persönlicher Probleme auf dem freien Markt nicht bestehen können. Ihre Arbeitseinsätze dauern etwas länger als bei herkömmlichen Firmen, die Qualität ist aber einwandfrei. Nachdem die zuständige Person mich besucht und alles mit mir besprochen hatte, war klar: diesen Auftrag vergab ich gerne an diese Stiftung. Weil alles ein bisschen günstiger war, konnte ich mehr Arbeiten für das gleiche Geld ausführen lassen, was mir natürlich gelegen kam. Ich bereute meinen Entscheid nie. Die ganze Sanierung klappte vorzüglich, die Männer waren äusserst freundlich und ich fühlte mich von ihnen sehr gut betreut.

Ein weiterer meiner Patienten half mir ebenfalls wesentlich, ein Architekt. Er war immer für mich da und unterstützte mich bei vielen Entscheidungen, für die mir das Wissen und/oder das notwendige Vorstellungsvermögen (z.B. bei Materialien und Farben) fehlten. Schlussendlich musste ich nicht einmal ein Inserat schalten, um die Mieter zu finden. Es war einfach unglaublich, wie Swamijis Segen in allem und jedem spürbar war. So wich der anfängliche innere Stress purer Freude, als das Haus immer mehr Formen annahm. Noch viel schöner ist mein neuer Garten. Auch hier fand ich die richtigen Fachleute. Aus zwei kleinen Gärten, wovon der neu erworbene total überwuchert war, entstand schlussendlich ein grosser, wie ich ihn mir immer erträumt hatte. Kurz: Ich bin rundum glücklich mit allem.

Etwas weniger optimal war meine Gesundheit. Nach dem Ashramaufenthalt im Januar hatte eine wundervolle Entwicklung eingesetzt: ich konnte gewisse Medikamente absetzen, vor allem solche gegen meine Ängste. Diese hatten mich einige Jahre zuvor einen ganzen Sommer lang fast flach gelegt. Ohne entsprechende Mittel wäre mein Alltag zusammengebrochen. Mein Funktionieren war also über längere Zeit von Chemie abhängig. Seit dem Januar waren auch meine Migränen weniger geworden, was mir wie ein Wunder erschien. Allerdings steckte ich noch in vielen Zwängen fest, die mein Leben sehr einschränkten. Mein Lebensrhythmus richtete sich stark nach der Uhr und war völlig verschoben. Ich stand in aller Herrgottsfrühe auf, meine Mahlzeiten fanden somit immer früher als „normal" statt, zudem musste ich sehr zeitig ins Bett, konnte also kein gesellschaftliches Leben mehr pflegen. In gewisser Weise war ich wohl ein Sonderling geworden. Verändern konnte ich diesen Rhythmus nur mit viel innerem Aufwand, jede Verschiebung bereitete mir unheimlich inneren Stress oder gar Ängste. Auch mein Stoffwechsel war völlig auf Nebengeleise geraten. Durch die Magersucht hatte er schon lange auf Sparflamme umgestellt, nun wurde es aber schlimmer und schlimmer: ich konnte kaum mehr essen ohne zuzunehmen. Eine Gewichtszunahme ist aber für Magersüchtige eine extreme psychische Belastung. Mein Körper schien teilweise völlig aus dem Ruder gelaufen zu sein. Der zwanghafte morgendliche Gang auf die Waage wurde zu einem riesigen Stress, die Gewichtsturbulenzen erzeugten unschöne Angstzustände. Wie sollte ich aus dieser Mühle nur herausfinden? Das Verändern meiner Ernährung war zu diesem Zeitpunkt fast nicht möglich, ich reagierte sogleich mit Panikattacken.

Obschon ich neuerdings etwas weniger Migräne hatte, war es natürlich noch immer viel zu viel. Schon nur ein oder zwei schmerzfreie Tage grenzten für mich an ein Wunder. Den Rest der Zeit schluckte ich Schmerzmittel, damit ich arbeitsfähig war. Medikamente, die das Ganze abfedern sollten, nützten bei mir immer weniger, weil sich der Körper daran gewöhnt hatte. Zudem vertrug ich immer häufiger gewisse Präparate nicht mehr. So steckte ich eines Tages in der unschönen Situation, dass es medikamentös keinen sinnvollen Weg mehr gab. Mein Hausarzt, der mich bisher wundervoll begleitet und gestützt hatte, warf das Handtuch und schickte mich zum Neurologen. Nachdem dieser mich untersucht hatte, teilte er mir mit, dass es nur eine Lösung gebe: alle Schmerzmittel absetzen, weil diese nämlich wiederum Kopfweh erzeugen und bei mir ein Teufelskreis entstanden sei. Er schlug mir eine stationäre Behandlung vor. Diese Idee löste zuerst einen Schock in mir aus, doch dann musste ich einsehen, dass er wahrscheinlich Recht hatte. Ich setzte also die entsprechenden Hebel in Bewegung und liess mich für ein Erstgespräch im Spital vormerken. Je näher Navaratri kam, umso mehr begann ich an der Umsetzbarkeit dieses Planes zu zweifeln. Ich hatte im Sinn, im Januar 2014 einen solchen Entzug zu machen, doch nun fragte ich mich, ob ich nicht besser in den Ashram gehen sollte. Vielleicht konnte ich dadurch die notwendigen Verbesserungen erreichen. Ich entschloss mich, Swamiji um Rat zu fragen.

Vor meiner Reise nach Indien wurde meine Aufmerksamkeit aber noch auf ein anderes Thema gelenkt. Ich schreibe sehr gerne und verfasse auch jedes Jahr eine kleine Weihnachtsgeschichte, welche ich meinen Verwandten und Freunden schenke. Mir war immer vorgeschwebt, einmal noch vermehrt schriftstellerisch tätig zu sein. In den letzten Jahren verblasste dieses Ziel aber immer mehr. Mir schien, dass sowieso viel zu viel geschrieben wurde. Meiner Meinung nach brauchte es eher Leute, welche endlich all das Wissen umsetzten. Und zu diesem Zweck war meine Praxis ideal, die eh meine ganze Zeit beanspruchte. Einige Wochen vor Navaratri kam jedoch auf einmal wie aus dem Nichts ein innerer Impuls zu schreiben. Ich hatte allerdings keine Ahnung, worüber ich schreiben sollte. So liess ich das Ganze vorerst einmal auf sich ruhen und nahm mir vor, in Mysore auch dieses Thema mit Swamiji zu bereden.

Ich bekam dann auch die Gelegenheit, während der Festlichkeiten im Ashram meinen Meister persönlich zu sprechen und ihm meine Fragen zu stellen. Bezüglich des Buches hatte ich inzwischen selbst die Idee gehabt, dass es meinen Werdegang unter den Fittichen von meinem Guru beschreiben sollte. Ich merkte, dass die Leute interessiert daran waren, wie sich meine heilerischen Fähigkeiten entwickelt hatten und sich weiter entwickelten. Vielen war es ein Bedürfnis, mehr von mir zu erfahren, aber ich konnte ihnen während unseren Therapiesitzungen ja nicht meine Geschichte erzählen, dazu reichte die Zeit nicht. Ein Buch wäre da eine gute Lösung. Swamiji bestätigte dann meine Idee, womit die Sache schnell geklärt war.

Nun musste ich noch mein weiteres Vorgehen bezüglich Gesundheit besprechen. Hier machte Swamiji mir klar, dass ich nach Navaratri mal schauen könne, wie sich alles entwickelt, mich aber auch mit den Ärzten absprechen müsse. Im Geheimen hatte ich gehofft, dass mein Meister mir sagen würde, ich brauche keinen Entzug zu machen, ich solle einfach im folgenden Jahr wieder in den Ashram kommen. So war ich sehr frustriert, musste meinen Termin im Spital wohl oder übel einhalten und mit dieser Ärztin, von der ich eh nicht viel erwartete, Lösungen erarbeiten.

Doch wieder einmal hatte ich nicht mit Swamiji gerechnet. Seine Arme reichen weit und ich traf im Spital auf eine Frau, die meine Situation perfekt erfasste und sehr interessiert an meiner spirituellen Ausrichtung sowie meinen Erlebnissen mit Swamiji war. Sie teilte sofort meinen Wunsch, erst eine gewisse Zeit zuzuwarten und dann vielleicht in einer ambulanten Form die Sache in Angriff zu nehmen. Mit meiner Esserei und dem Tagesrhythmus wäre ein Klinikaufenthalt für mich ein Riesenstress geworden, wie ich mehr und mehr erkennen musste.

Völlig gegen meine Erwartungen wurde mein Zustand nach dem Navaratri nicht besser, sondern massiv schlechter. Damit hatte ich nicht gerechnet. Als dann auch noch die Verdauung ihren Dienst versagte und ich immer weniger Nahrungsmittel vertrug, war ich am Ende. Inzwischen war es Januar 2014 geworden und ich hatte eh eine dreiwöchige Auszeit geplant, in der ich viel Therapie machen und dieses Buch schreiben wollte. Nachdem die Situation aber völlig eskalierte, war mir eines schönen Morgens klar: ich musste jetzt schon handeln, so konnte es nicht mehr weiter gehen. Ich entschloss mich, ab sofort keine Schmerzmittel mehr zu nehmen. Mein Essverhalten hatte ich schon die letzten Wochen angepasst und lebte fast nur noch von gekochtem Gemüse. Innerlich machte ich mich auf das Schlimmste gefasst. Doch o Wunder, ich konnte es kaum fassen: meine Migränen blieben in dem befürchteten Mass aus, nur zwei Tage musste ich wirklich leiden. Ansonsten reichte oft ein Kaffee, die latenten Schmerzen in Schach zu halten. Als mir dann durch „Zufall" noch klar wurde, weshalb ich nicht mehr verdauen konnte, war eine weitere Weiche gestellt: Ich hatte wahrscheinlich am letzten Navaratri Parasiten erwischt, welche eine Bauchspeicheldrüsenentzündung verursacht hatten. Nachdem ich von meinem Arzt Fermente verschrieben bekam, welche der Körper bei einer solchen Entzündung nicht mehr in genügendem Mass bildet, konnte ich endlich wieder besser essen, ohne anschliessend durch stinkende Gase aufgetrieben zu werden und einen übersäuerten Magen zu bekommen. Allmählich liessen sich sogar meine Essensmengen leicht steigern, ohne dass ich dadurch gleich zunahm. Auch mein Stoffwechsel schien sich also zu bewegen.

Für mich ist dieser ganze Prozess nur teilweise logisch nachvollziehbar. Manchmal kann ich machen, was ich will (Ernährung, Verhalten etc. verändern), bewirke damit aber keine Entspannung der körperlichen Situation. Handkehrum verändern sich die Dinge plötzlich wie von selbst, ohne dass ich sie zu beeinflussen versuche. Das zeigt, dass hier Mechanismen am Werk sind, die ich noch nicht verstehe. Umso mehr ist für mich klar: auch wenn ich viel und hart an mir arbeite, ist jeder Fortschritt schlussendlich Swamiji zu verdanken, der mich unermüdlich und mit viel Geduld durch meine ganzen inneren Wirren leitet.

Während meiner Auszeit im Januar begann ich, immerhin einige der Zusammenhänge besser zu begreifen. Ich entdeckte gewisse tiefere Ursachen für meine körperlichen Leiden. Davon werde ich - so gut ich kann - einige beschreiben. Natürlich gibt es noch viel mehr davon, doch etliche sind so komplex, dass sie höchstens ein Meister wie Swamiji zu erfassen vermag, denn viele Prägungen, die in diesem Leben wirksam wurden, brachte ich natürlich schon aus früheren Leben mit. Somit sind sie mir nur teilweise oder gar nicht bewusst.

Was für mich aber irgendwie nachvollziehbar geworden ist, möchte ich mit dir, lieber Leser, gerne teilen. Für ein umfassenderes Verständnis der nun folgenden Zeilen wären allerdings einige theoretische Hintergründe nötig. Diese werde ich hier aber nicht darstellen. Wer sich mehr in die ganze Materie vertiefen möchte, kann sich in Band 2 entsprechende Informationen holen. Die untenstehenden Ausführungen sollen einfach eine gewisse Idee meines Prozesses ermöglichen.

Weil ich täglich erlebe, dass viele Menschen mit vergleichbaren Problemen kämpfen, beschreibe ich meine Situation sehr offen. Damit erhoffe ich mir, dass betroffene Leser ihre eigenen Belastungen besser begreifen. Vielleicht finden sie dadurch sogar neue Wege, mit ihrem Leiden umzugehen.

In Kapitel 1 habe ich ja bereits einen Teil meines unglücklichen Starts in diese Welt beschrieben, der zur problematischen Annahme führe, „eigentlich sollte es mich gar nicht geben". Diese wurde durch die Geburt noch verstärkt, und zwar folgendermassen: weil der Geburtskanal meiner Mutter etwas eng war, beschlossen die Ärzte, vorsorglich einen Dammschnitt zu machen. Damit die Schmerzen erträglich waren, gab man meiner Mutter Lachgas. Dieses beeinträchtigte aber auch ihre Energien, womit ich sie mit meinen beschränkten Möglichkeiten als Säugling nicht spüren konnte. Folglich war im Prinzip nichts da, das mich gleich nach meiner Ankunft im neuen Lebensraum umsorgend eingehüllt und mir folglich ein Gefühl des Willkommenseins vermittelt hätte. Das wäre aber wichtig gewesen, denn dies hätte den Irrtum, dass es mich nicht geben sollte, möglicherweise beseitigt. Leider folgte unmittelbar darauf ein weiteres Erlebnis, das meine ungünstige Prägung verstärkte: wie es damals üblich war, wurden mit mir sofort nach der Geburt allerlei Tests durchgeführt, um zu überprüfen, ob alles intakt ist. Anstatt doch noch die Möglichkeit zu erhalten, von meiner Mutter in die Arme genommen und willkommen geheissen zu werden, nahm man mich gleich nach der Entbindung von ihr weg. Damit befand ich mich völlig verloren mit fremden Personen in einer total befremdenden Umgebung. Noch heute sehe ich, wie ich mich vom Körper trennte, oben an der Decke schwebte und mich über das Ganze aufregte. Diese Wut ist noch immer teilweise in mir gespeichert und führt zu körperlichen Beschwerden, vor allem zu Ischiasschmerzen. Zu guter Letzt wurde mein Start ins Leben auch noch durch eine ungenügende Ernährung belastet. Folglich lernte ich schon früh: diese Welt ist ein unwirtlicher Ort. Wenn man da überleben will, muss man kämpfen, sonst hat man keine Chancen. Ausserdem ist es besser, wenn man sich nicht zu sehr auf den Körper und alles, was damit zu tun hat, einlässt. Das ist nur verwirrend und erzeugt primär schlechte Gefühle wie „eigentlich sollte es mich nicht geben" oder eben „Hunger". Fazit: ich war kaum mit meinem Körper verbunden, spürte mich folglich schlecht und konnte somit nicht auf meine Bedürfnisse eingehen. Letztgenannter Teil ist auch noch aus folgendem Grund belastet: weil es mich ja eigentlich nicht geben sollte, bestand ein innerer Drang, es allen Recht zu machen. So konnte ich mein Dasein zumindest damit rechtfertigen, dass ich niemanden belastete. Vielmehr war ich anderen sogar von Nutzen, indem ich ihnen gab, was sie wollten. Weil ich zudem – wie in Kapitel 1 beschrieben – ein braves Kind sein wollte, damit ich geliebt wurde, entwickelte ich eine grosse Fähigkeit zu spüren, was andere von mir erwarteten. Meine eigenen Bedürfnisse konnte ich so aber nicht kennenlernen. Die erworbene Fähigkeit hat allerdings auch ihr Gutes: als Therapeutin kommt es mir sehr gelegen, das Innere der Menschen gut „lesen" zu können.

Betrachten wir nun eine weitere grosse Baustelle in meinem Leben: die Ernährung. Leider ging auch da einiges schief. In Kapitel 1 beschrieb ich schon, wie ich in den ersten Lebenstagen zu wenig Milch bekam. Dazu gesellte sich nun aber noch ein weiterer Faktor: es fehlte zusätzlich eine andere Form der Nahrung, nämlich die emotionale. Während der ersten Tage lag ich ja meistens alleine in der Säuglingsstation. Da ich mich wegen des „missglückten" Starts in die Welt nicht mehr wirklich auf diese Dimension einzulassen vermochte, blieb meine Gefühlswelt bis auf weiteres nach aussen hin verschlossen. So war es mir auch später nicht möglich, die fehlenden Erfahrungen nachzuholen. Folglich blieb ich „hungrig". Wenn der emotionale Hunger nicht gestillt werden kann, wird er meistens mit Essen kompensiert. Damit waren einer Essstörung Tür und Tor geöffnet: ich hatte das Bedürfnis nach Unmengen von Nahrung, musste sie aber gleich wieder loswerden, denn ich sollte ja nicht existieren.

Da ich mich unter den beschriebenen Umständen als Säugling meines Lebens nicht sicher fühlte, musste ich nach Möglichkeiten suchen, mit dieser Belastung umzugehen. Die Auswahl für ein so kleines Wesen ist klein: aufgeben oder kämpfen. Wie bereits gesagt: ich wählte den Kampf. Diesen focht ich mit verschiedenen Strategien, die sich im Verlaufe des Lebens weiter entwickelten. Eine davon war diejenige, dass ich lieber mir selbst vertraute als anderen. Ich liess mir schwer helfen, zeigte wenn möglich nicht zu viel Schwäche. So errichtete ich mit den Jahren eine Aura von Unnahbarkeit um mich herum. Nach und nach lernte ich dann, dass es Sinn machen kann, sich auch einmal tragen zu lassen. Andere Menschen würden einem nämlich gerne ab und zu etwas zuliebe tun. Wie bereits in Kapitel 13 beschrieben, musste ich diesen Teil stark bearbeiten, damit ich zumindest die Energien von Swamiji soweit zulassen konnte, dass eine Hilfe Seinerseits möglich war.

Kampf in unseren Leben ist nicht nur schlecht, bis zu einem gewissen Grad ist er auch wichtig und sinnvoll. Er zeugt davon, dass da ein tiefer Wille ist, mit den gegebenen Umständen einen Weg auf dieser Welt zu finden. Allerdings muss man sich im Klaren sein: meistens ist er gleichzeitig ein Zeichen von Schwäche. Den meisten Kämpfen liegen Ängste zugrunde, nicht überleben zu können bzw. nicht zu bekommen, was wir als notwendig erachten. Angst ist immer auch ein Ausdruck davon, dass wir von der Seelenebene abgetrennt sind. Dadurch fehlt uns das tiefe Gewahrsein davon, dass wir eigentlich gar nicht wirklich untergehen können, weil wir nicht der Körper, sondern unsterbliche Seelenwesen sind. Solange dieses Bewusstsein fehlt, entstehen Ängste, womit wir wieder kämpfen müssen.

Weil wir in dieser kleinen Welt der Ängste und des Kampfes gefangen sind, ist es uns oft auch nicht möglich, die Beweggründe anderer Personen für ihr Handeln zu erkennen. Um uns zu schützen, halten wir nämlich ständig Ausschau nach möglichen Bedrohungen. So laufen wir Gefahr, Blicke, Worte, Gesten und Handlungen falsch zu deuten. Das führt zu unkorrekten Interpretationen, welche zur Überzeugung führen, dass einem im Grunde genommen alle irgendwie feindlich gesinnt sind. Damit kann man nicht mehr erkennen, dass es Menschen gibt, die einem gerne helfen würden. Wenn sie aber als „Feinde" weggestossen werden, sind sie perplex und reagieren folglich mit Ablehnung. Häufig werden dann Fronten aufgebaut, die eigentlich absurd sind.

Nachdem ich etwa im Alter von 30 Jahren erkannt hatte, dass ich mit meinen Problemen nicht mehr alleine klar kommen konnte, musste ich mir wohl oder übel helfen lassen. Doch von wem? Hier machte ich verschiedene Erfahrungen. Es gab Leute, die vielleicht eine unbeholfene Geste machten, aber für den Rest des Tages fühlte ich mich von ihrer Energie getragen und gestärkt. Dem gegenüber gab es Fachpersonen, welche nach allen Regeln der Kunst arbeiteten, aber irgendwie blieb es trotz ihren Bemühungen in meinem Innern leer, einsam und traurig. So lernte ich, dass es zwei Ebenen zu beachten gibt:

Zum einen gibt es die Seelenebene, die man als Quelle von Liebe, Licht und Kraft bezeichnen kann. Einzelne Menschen arbeiten hart und unermüdlich an sich selbst und erreichen dadurch einen guten Zugang zu diesen leuchtenden Energien. Wenn sie diese Kräfte nach aussen fliessen lassen, können sie damit auf andere Wesen sehr heilend wirken.

Dem gegenüber gibt es eine andere Ebene, diejenige des professionellen Wissens. Solche Kenntnisse kann man sich teilweise in Ausbildungen und aus Büchern holen.

Jeder der beiden genannten Bereiche für sich allein ist ein wertvolles Instrument. Aber wirklich kraftvoll wird es erst, wenn wir lernen, die beiden Ebenen zu verbinden. Dann begreifen wir nämlich immer mehr das Wesen der menschlichen Natur, welches beides beinhaltet: einerseits die Seele, andrerseits Psyche, Emotionen und Körper mit ihren Gesetzen. Wenn die Zusammenhänge zwischen all den Teilen begriffen werden, können z.B. Therapiemodelle in einer lebendigen Form angewendet werden. Damit wird es möglich, auf die einzelnen Schicksale in spezifischer und gleichzeitig menschlicher Form einzugehen.

Auf meiner eigenen Suche nach Hilfe begegnete ich verschiedenen Personen, einzelne völlig verhaftet an Wissen und Theorie, andere mehr beseelt durch das innere Licht mit seiner Kraft. Dabei entdeckte ich, dass dieses innere Licht vielmehr ist als mir bisher klar gewesen war. Eigentlich kann man es auch universelle Liebe nennen. Diese ist wohl der Motor der ganzen Schöpfung. Folglich ist sie unmittelbar mit dem universellen Wissen verbunden, welches logischerweise das ganze Wissen um die komplizierten Zusammenhänge in der gesamten Schöpfung beinhaltet. Wer sich also mit diesem Licht beschäftigt, forscht im Prinzip im Bereich des kosmischen Wissens. Dadurch werden Zusammenhänge erkennbar, die für uns sonst schlicht nicht zugänglich sind.

Durch meine verschiedenen Erfahrungen mit all den Therapeuten und ihren Ansätzen erkannte ich schlussendlich folgendes: Will ich heilend wirken, sei dies bei mir oder bei den anderen, muss ich mir sicher gewisse Kenntnisse erwerben. Gleichzeitig sollte ich mir aber auch den Zugang zu meinen tieferen Schichten erarbeiten, also zum inneren Licht und zum universellen Wissen. Nur so bin ich fähig, die Mechanismen möglichst umfassend zu erkennen, die in einem Menschen wirksam sind. Damit kann ich sie dann auch beeinflussen und folglich erwünschte Veränderungen bewirken.

Was in der Theorie so einfach tönt, ist in der Wirklichkeit leider ziemlich anspruchsvoll: mein Ego, das – wie die Angst – Ausdruck von der Trennung zwischen Erdenbewusstsein und Seelenebene ist, steht mir gewaltig im Weg. Es bewirkt, dass ich die Einheit der gesamten Schöpfung nicht erkennen kann und folglich primär mein eigenes Wohl in den Vordergrund rücke. Das erzeugt Verhaftungen an materielle Werte, Machtansprüche, Gier und vieles mehr, teilweise in so subtiler Form, dass ich es schwer erkennen kann. Dieses Ego ist im Grunde genommen auch die Ursache dafür, dass ich ständig um das Überleben besorgt bin. Damit nagelt es mich in meiner kleinen Welt der Ängste und des Kampfes fest.

Damit ich die Seelenbereiche trotz aller Hindernisse in ihrer ganzen Tiefe kennen lernen kann, ist ein guter Lehrer sehr hilfreich. In meinem Fall ist dies mein verehrter Swamiji. Er zeigt mir Wege auf, wie sich meine begrenzte Sichtweise langsam erweitern lässt, womit ich Lebenszusammenhänge bei mir und anderen besser zu verstehen vermag. Um eine gute Therapeutin zu sein, reichen die neu gewonnenen Einsichten aber nicht aus. Die Erkenntnisse müssen jetzt nämlich in eine Form gebracht werden, die der heutigen Zeit angepasst ist und von den Mitmenschen verstanden wird. Diesen Gedanken möchte ich in der Folge verdeutlichen.

Bei mir erscheinen neue Einsichten in Form einer ganzheitlichen Wahrnehmung in meinem Kopf. Plötzlich weiss ich einfach, wie etwas funktioniert. Fast augenblicklich verstehe ich zudem in vertiefter Art und Weise, weshalb gewisse Probleme auftreten und wie sie gelöst werden können. Gleichzeitig wird mir klar, welche Verhaltensweisen vorteilhaft sind, um bereits bestehende Knoten dieser Art zu lösen bzw. gar nicht erst entstehen zu lassen. Meine Aufgaben sind nun folgende:

a) Ich muss die ganzheitliche Wahrnehmung in Worte und Bilder fassen, die sie für unsere westlichen Geister verständlich machen. Dabei verwende ich beispielsweise das Polarity-Modell und Modelle aus der Traumatologie (vgl. Kapitel 12). Wäre ich Chinesin, würde ich mit ganz anderen Grundmodellen arbeiten (z.B. aus der traditionell chinesischen Medizin), um mich meinen Landsleuten mitzuteilen. Mit meinem gewählten Ansatz kann ich meinen Klienten und Lesern Wissen so weitergeben, dass sie es auch verstehen.

b) Ich passe mein Verhalten meinen Erkenntnissen an. Damit gebe ich meinen inneren Überzeugungen einen Ausdruck. Für diese Leistung benütze ich Formen, die hier im Westen gebräuchlich sind. Trotz gewisser gesellschaftlicher Normen (z.B. im Umgang mit Mitmenschen, mit den Geschlechtsrollen, mit der Hygiene, mit religiösen Werten, mit Bereichen wie Geburt und Tod und vieles mehr) bleibt mir noch ein grosser Spielraum, den ich kreativ füllen kann. Würde ich mit dem gleichen Wissenshintergrund in China leben, müsste ich meine Einsichten bezüglich der Grundgesetze des Lebens wohl ganz anders umsetzen.

Es reicht also nicht aus, von Swamiji Lerneinheiten vermittelt zu bekommen. Ich muss mit den neuen Einsichten auch Formen erschaffen, wie ich mich in dieser Welt bewege und ausdrücke (mit Worten und Handlungen). Dieser Selbstausdruck ist ein sehr kreativer Prozess, der mehr oder weniger gut gelingen kann. Selbst wenn Swamiji mir vieles zugänglich macht, ist dennoch meine Eigenleistung gefragt. Übernehme ich diese Verantwortung nicht, versäume ich es, mein menschliches Gut zu realisieren.

Als Kämpfernatur tat ich mich schwer damit, irgendetwas zuzulassen, das nicht meinen eigenen Ideen entsprach. Es gab aber glücklicherweise immer wieder Personen in meinem Leben, welche meine Schallmauer an gewissen Orten durchbrechen konnten. Das reichte dann jeweils aus, dass ein weiteres kleines Schrittchen möglich war. Ich gehe davon aus, dass Swamiji von Anfang an in meinem Leben wirkte und mir jeweils die „richtigen Personen" schickte. So verfing ich mich nie in irgendwelchen Fallen, die meine Entwicklung verunmöglicht hätten, sondern kam fortwährend stückchenweise weiter, manchmal allerdings durch harte Lerneinheiten.

Nun könnte man sich fragen, wozu man ein Schicksal mit so vielen Problemen wählen sollte. Dafür gab es bei mir wohl viele Gründe. Da ich beispielsweise keine wirklich tragenden Bindungen mit meinen Eltern aufbauen konnte, zwang mich dies später, die Geborgenheit und Getragenheit an einem anderen Ort zu suchen. Glücklicherweise landete ich nie in einer Sekte, sondern mein Guru holte mich zu sich und zeigte mir den Ort, wo ich meine Sehnsüchte stillen kann, und dieser Ort ist mit Sicherheit nicht materieller Natur. Mein Leiden führte mich zudem durch sehr viele verschiedene körperliche und psychische Zustände, die ich dadurch ja auch kennenlernen konnte. So verstehe ich die Vielschichtigkeiten in unseren Systemen und Erlebensweisen viel besser und kann heute bewusst damit umgehen. Ich lernte also schon von Kindsbeinen an eine Menge an therapeutischen Grundlagen, was mir jetzt sehr dienlich ist. Zudem brachte mir die ständige Suche nach Antworten auf meine vielen Fragen rund um das Thema Tod sehr viel Wissen. Weil ich mich nicht so rasch auf Dinge einlasse, die für mich nicht total logisch sind, lernte ich dabei sehr viele mögliche Sichtweisen kennen und schärfte meinen Geist.

Diese Liste könnte man beliebig fortsetzen. Man kann aber auch einfach sagen: alles in meinem Leben hatte einen Sinn und machte mich zu dem, was ich heute bin. Leiden müssen wir eh alle in irgendeiner Form, mein Leiden war wenigstens nicht vergeblich.

Im Moment befinde ich mich auf einem sehr intensiven Weg, aber ich vertraue meinem geliebten Swamiji – soweit mir dies möglich ist – dass er mich weiter durch mein Labyrinth führt, damit ich in meinem Leben erreiche, was ich mir einmal vorgenommen habe.

Anhang

A. Glossar

Ashram	Klosterähnliches Meditationszentrum. Der spirituelle Leiter und Führer eines Ashrams ist der Guru, also ein spiritueller Lehrer. Daneben gibt es noch andere Verantwortliche wie Yogis und Priester, die verschiedene Funktionen erfüllen (Rituale durchführen, Bhajans singen, Vorträge halten etc.).
Bhajan	Ein Bhajan ist ein religiöses Volkslied im Hinduismus. Dabei besingen Gläubige ihre Liebe zu Gott in einfachen Worten, die häufig wiederholt werden.
Bhagavad Gita	Hindus betrachten die Lehren der Bhagavad Gita als Quintessenz der Veden (s. unten).
Chandi Homa	S. unter Homa
Chanten	Chanten ist das Singen von spirituellen Liedern, Mantras und Gebeten. Die Melodien und Worte sind in der Regel sehr einfach und wiederholen sich meistens.
Datta Stava	Ein in Swamijis Ashram zentrales Gebet.
Devotee	In diesem Kontext: Schüler von Swamiji.
Guru Gita	Beschreibung des Guru-Prinzips (was ist ein Guru? Was ist ein richtiger Schüler? Was sind die Pflichten des Gurus und des Schülers? etc.) sowie der korrekten Verehrung des Gurus.
Homa	Dies ist ein Ritual, bei dem Opfergaben einem geweihten Feuer übergeben werden. Es gibt verschiedene Homas, die alle einem bestimmten

	Zweck dienen. Allen gemeinsam ist das Anrufen der entsprechenden Gottheit sowie das Rezitieren bzw. Chanten (s. oben) von Gebeten und Mantras.
	Eines der Homas ist das *Chandi Homa*. Es dient dazu, allen Unternehmungen zum Erfolg zu verhelfen.
Nada Mantapam	Grosse Halle im Ashram für verschiedenste Veranstaltungen wie Konzerte, Vorträge oder eben Zelebrieren von Festen.
Navaratri	Am Navaratri feiern die Hindus den weiblichen Aspekt des Göttlichen – die göttliche Mutter – und bitten um Schutz, Wohlstand und spirituelle Transformation.
Prasadam	So nennt man im Hinduismus vor allem die Opferspeisen im Tempel oder im häuslichen Bereich, z.B. bei einer Puja (s. unten). Auch mit göttlicher Segenskraft behaftete Gegenstände werden Prasadam genannt.
Puja	In der Puja wird das Göttliche in Form einer Statue aus Metall oder anderen Materialien oder auch nur aus einem bunten Emblem wie z.B. ein Lingam oder Dreizack für Shiva verehrt. Sehr verbreitet ist auch die Anbetung des Göttlichen in bestimmten Pflanzen oder in einem Krug Wasser. Zur Verehrung dienen u.a. geweihtes Wasser, Licht und Schmuckgegenstände, mit denen die Gottheit in Demut gewaschen, geehrt und geschmückt wird. Opfergaben wie Blumen, Reis, Milch und geheiligte Speisen (Prasad) gehören als Zeichen der Dankbarkeit und Ehrerbietung zu jeder Puja. Sie werden der Gottheit während des Rituals dargebracht.

Rikscha	In Indien sind dies kleine, motorisierte, dreirädrige Gefährte, die u.a. als Taxis benutzt werden.
Samadhi	Bezeichnet einen Bewusstseinszustand, der über Wachen, Träumen und Tiefschlaf hinausgeht und in dem das diskursive Denken aufhört. Es ist ein völliges Aufgehen in dem Objekt, über das meditiert wurde.
Satsang	Bezeichnet in der indischen Philosophie und in den daraus abgeleiteten spirituellen Lehren ein Zusammensein von Menschen, die durch gemeinsames Hören, Reden, Nachdenken und Versenkung in die Lehre nach der höchsten Eintracht streben.
Seva	Selbstloser Dienst; in indischen Religionen: Gott dargebrachte Arbeit.
Veden	Veden sind eine zunächst mündlich überlieferte, später schriftlich festgehaltene Sammlung religiöser Texte im Hinduismus. Den Kern der Veden bilden „gehörte" Texte von Weisen, also Offenbarungen.

B. Sri Ganapati Sachchidananda Swamiji

Auszug aus der Internetseite *www.dyc.ch*

„Sri Swamiji wurde am 26. Mai 1942 in Südindien geboren und fiel schon als Kind durch seine besonderen Begabungen auf. Als Junge veranstaltete er Treffen mit seinen Schulfreunden und hielt diese an, mit ihm Lieder zur Preisung Gottes zu singen, sogenannte Bhajans.

Sein Lehrer, respektive seine Lehrerin war seine eigene Mutter, selbst eine geistig überdurchschnittlich begabte Frau. Sie ihrerseits hatte zwei Lehrer: einen Yogi der hinduistischen Tradition, … und einen muslimischen Fakir. Sie vermittelte ihrem Sohn die wesentlichen Erkenntnisse und bereitete ihn auf seine große Lebensaufgabe vor. Sie starb, als der Junge gerade erst elf Jahre alt war.

Nach langen Wanderjahren, Aufenthalten bei Verwandten und Begegnungen mit weiteren Lehrern gründete Sri Swamiji 1966 den Ashram in Mysore. Damals noch eine Wildnis, wurde daraus über die Jahre hinweg ein großes Zentrum mit Tempeln und Bauten von beachtlichem architektonischem und künstlerischem Wert.

Mit unermüdlichem Einsatz ist es Sri Swamiji gelungen, innerhalb von ca. 30 Jahren einen sehr gepflegten Ort der Einkehr und des Friedens 'aus dem Nichts' zu erschaffen. Gleichzeitig hat er viele soziale Werke ins Leben gerufen, allen voran das gemeinnützige Spital im Ashram selbst, Primar- und Sekundar-Schulen für mittellose Kinder in der Stadt Mysore, Heime für benachteiligte Frauen und für Behinderte in anderen Gebieten Indiens

Sein Wirken hat sich auf das ganze Land Indien und über die Kontinente hinweg erstreckt. Entsprechend sind unter seiner Führung weltweit Zentren entstanden, die die spirituellen und sozialen Aktivitäten gemäß seiner Lehre unterstützen."

„Sri Swamiji ist im Westen durch seine Musik, Seminare und Lehrtätigkeit bekannt. In Indien wird er als großer Yogi und Meister verehrt, der die alte vedische Tradition pflegt und täglich praktiziert. Als Hindu aufgewachsen, befolgt er die religiösen Disziplinen seines kulturellen Umfeldes, lehrt jedoch, dass es viele Wege gibt, um das Heil zu erlangen und respektiert alle Religionen und Menschen der verschiedenen Glaubensrichtungen gleichsam. Sri Swamiji vermittelt einen wesentlichen Teil seiner Botschaft durch seine Musik, aber auch durch Kurse und Seminare, wie Kriya-Yoga und Vedanta (den 'Advaita-Vedanta' = die philosophische Lehre der 'Nicht-Zweiheit'). Er ermutigt die Menschen ihre eigene Tradition zu schätzen und sich gleichzeitig auf die wesentlichen Werte im Leben zu besinnen. Er strahlt die wohltuende Ruhe und von Mitgefühl getragene Kraft eines erleuchteten Meisters aus, der im Zustand vollkommenen Bewusstseins ist."

Sri Swamiji sagt über sich selbst:
'Swamiji ist wie ein Stock, mit dessen Hilfe ihr einen Berg erklimmen könnt. Wenn ihr oben angelangt seid, vergesst nicht, den Stock hinunter zu werfen, für die anderen, die unten warten.'

C. Bände 2 – 4

Lerne verstehen, liebes Seelenkind. Band 2

Wie bereits erwähnt möchte ich in Band 2 theoretische Hintergründe darstellen, welche ein vertieftes Verständnis von Band 1 ermöglichen. Mir geht es vor allem darum, dem Thema Spiritualität einen soliden Rahmen zu verschaffen. Noch immer haftet ihm ein Geist von „Hokus-Pokus" an, gilt es als „Tummelfeld für Phantasten und Gutgläubige".

Folgende Themen werden in diesem Buch besprochen:
- Entwicklung beim Kind, aber auch beim Erwachsenen, zuerst als allgemeiner Überblick.
- Detailliertere Betrachtung der einzelnen Komponenten der Entwicklung: genetische Anlagen, Reifung, Lernen, Umweltfaktoren.
- Störungen der Entwicklung in allen beschriebenen Teilbereichen.
- Weil Traumen ein wichtiger Störfaktor in unseren Leben sind, wird dieses Thema in einem eigenen Kapitel dargestellt.
- Am Schluss wird die spirituelle Entwicklung genauer betrachtet. Dabei sollen u.a. folgende Punkte geklärt werden:
  - Was verstehe ich unter „spirituelle Entwicklung"?
  - Wie verläuft ein sogenannt „spiritueller Weg"?
  - Weshalb ist ein spiritueller Lehrer sinnvoll?
  - Was erwarte ich von einem spirituellen Lehrer?

Der Folgeband wird keine wissenschaftliche Abhandlung all dieser Themen sein. Aber er beruht auf entsprechenden Erkenntnissen, die ich teils aus meiner Studienzeit mitbringe, teils in Büchern und im Internet recherchiert habe.

ISBN: 978-3-7412-4288-5

Erinnere dich an deine Heimat, liebes Seelenkind. Band 3
Woher komme ich? Wohin gehe ich nach dem Tod?

Wenn ich das wüsste, wäre mir um einiges klarer, wer ich in Wirklichkeit bin.

Ausgangspunkt von Band 3 dieser Bücherreihe ist wiederum meine eigene Geschichte. Die Suche nach Antworten trieb mich stetig voran. Meine Erlebnisse und die daraus erfolgenden Einsichten führten zu immer mehr Erkenntnissen.

Indem du, lieber Leser, mich auf meinem Weg begleitest, lernst du gleichzeitig viel von deiner eigenen Geschichte verstehen. Zudem bekommst du Einblicke in Dimensionen, die dir möglicherweise neu sind. Einerseits erhältst du also Antworten auf eigene Fragen, andererseits wird dieses Buch auch neue Fragen aufwerfen. Ich hoffe, du bist am Schluss der Lektüre motiviert, deine eigene Forschungsreise mit viel Neugierde fortzusetzen.

ISBN: 978-3-7386-2766-4

Die Kraft des Fokus. Band 4
Was kann ich tun, damit mein Leben besser funktioniert? Wie muss ich vorgehen, dass ich meine Ziele realisieren kann?

Wenn ich etwas erschaffen will, muss ich zuerst herausfinden, welche Mechanismen dem Ganzen überhaupt zugrunde liegen. Dies ist unter anderem die Aufgabe der Wissenschaft. Aufgrund der gewonnenen Erkenntnisse lassen sich dann Wege finden, Probleme zu lösen und gegebenenfalls auch neue Produkte entwickeln.

In Band 4 der Bücherreihe begeben wir uns deshalb auf eine Studieneise und untersuchen ein wichtiges Lebensprinzip, nämlich *die Kraft des Fokus*. Diese ist unmittelbar mit dem *Filterprinzip* verbunden, weshalb auch dieses diskutiert wird. Aus den beiden Mechanismen leiten wir wichtige Lebensgrundsätze ab. Diese helfen den Lesern zu überprüfen, ob ihre eigenen Lebensstrategien konstruktiv sind.

ISBN: 978-3-8370-1059-6